Professional
Project Manager를 위한
인사이트
프로젝트 관리

프롤로그

프로젝트 전문 관리자를 위한 CompTIA Project+는

프로젝트 관리를 목적으로 기초지식을 필요로 하는 예비 프로젝트 관리자와 실무경험이 많은 프로젝트 관리자를 대상으로 프로젝트 이론과 관리 지식을 통하여 성숙한 프로젝트 전문가로 진일보 하기 위한 필수 정독서입니다.

프로젝트 관리자 이력을 경험적 수치로 도출하면, 현재의 프로젝트 관리자의 약 70%는 지금까지의 개발 경험을 바탕으로, 프로젝트 관리를 리딩하는 경우가 많습니다. 단순한 프로젝트의 경우 크게 차이가 없지만, 복잡도가 높고, 다양한 공정을 수행하는 경우, 프로젝트는 바로 어려움으로 처할 경우 가 많을 것입니다. 바로 여기서, 진정한 이론과 실무가 있는 프로젝트 관리자인지, 주먹구구식 관리 에 의존하는 관리자인지에 따라 프로젝트의 성공과 실패가 결정됩니다.

현재 국내 프로젝트 관리 시험은 PMI에서 주관하는 PMP가 시장의 대부분을 차지하여, 값비싼 비용으로 자격증을 부여받고 있습니다. 이에, 프로젝트 관리 입문자 및 대학 재학생도 응시 가능 하도록, 한국생산성의 도움을 받아 프로젝트 관리자 과정을 신규 개설합니다.

집필에 참여해 주신 각 분야 프로젝트 관리자는

강정배 PM은 약 8년간 eBay Korea(Auction, 지마켓) 프로젝트 관리 총괄을 수행하고, 현재 TMON 프로젝트 관리 팀장을 수행하고 있습니다. 국내 · 외의 Global 대형 프로젝트 경험과 정보 처리기술사 멘토링의 노하우를 접목하여 다양한 환경에 맞는 많은 프로젝트 관리 프로세스를 적용 하여 프로젝트 개발 및 관리의 생산성을 높이고 있습니다.

서정훈 PM은 엔씨소프트 플랫폼개발실 PM으로서, 신규 대규모 게임 프로젝트 기획 및 개발 단 계부터, 론칭까지의 다양한 게임 프로젝트 관리를 수행하고 있습니다. 약 12년 동안 초대형 은행의 차세대 프로젝트, IFRS, 어플리케이션 프레임워크, EAI, DR센터, 서버통합 프로젝트 등을 수행 하였습니다. 특히 금융권의 프로젝트 총괄까지 경험한 정통 프로젝트 관리자입니다.

이지현 PM은 신도리코경영정보실에서 서비스모듈 총괄PM으로 근무하고 있으며, 약 10년 동안 기술사의 역량을 바탕으로 영업, 서비스, 구매, 회계영역의 다양한 업무 경험을 기반으로 전사 ERP 프로젝트, IP-PBX기반의 콜센터, PRM, CRM, SFA, 서비스DW 프로젝트 등을 수행하였습니다. 한국생산성본부와 신도리코 내의 전사 IT교육 및 전사 프로젝트 관리론을 교육하고 있습니다.

더불어, 저술에 다양한 의견 및 진행에 도움을 주신 한국생산성본부의 기획 전문가이신 임미정 팀장님, 심재덕위원님, 교육 전문가이신 오태융팀장님, 박주진위원님께 진심으로 고마움을 표합니다.

KPC 기술사회 PM 커뮤니티 드림

Project+ 자격증 소개

CompTIA란

　CompTIA는 영국, 미국을 중심으로 하여 중동, 아시아, 아프리카 등 전 세계 104개국 22,000여 회원 기관을 두고 있는 비영리단체로서, 다국적 기업, 단체, 학교, 정부기관 등 글로벌 업체 및 기관에서 CompTIA 회원으로 가입되어 있습니다. 이 CompTIA 회원으로 가입되어 있습니다.

　1982년에 컴퓨터를 이용하여 전자문서가 다양한 형태로 이용되고, 정보가 범람할 때, IT 기술직 전문가들에 대한 국제표준 화를 제언하기 위해 설립되었으며, IT업계에서 실무능력을 중심으로 자격 인증, 리서치 등 IT업계와 중앙기관 및 교육 기관의 가교역할로서 활동하고 있습니다.

자격개발과정

　1993년 전 세계적으로 PC의 폭발적인 증가로 인해 클라이언트 환경에서의 운영관리업무를 이해하는 인재가 급격히 부족한 사태에 놓여, 이를 대처하기 위해 업체들이 모여 기술 표준화의 노하우를 살려 「업무」에 대한 표준화를 추진하고자 노력하였고, 이후 비즈니스에 사용되는 IT환경의 변화 등에 맞추어 다양한 업무분야에 걸친 인증자격이 개발되었습니다.

　클라이언트 환경의 운영관리업무를 이해하는 개개인의 업무보증 가이드라인을 작성하여 CompTIA A+가 개발되었고, 네트워크부터 시작하여(Network+) 세계를 연결하는 인터넷 기술의 보급(i-Net+), 클라이언트 서버의 일반화(Server+), Linux OS의 탄생(Linux+), 보안사회의 급선무(Security+) 등을 제공하게 되었습니다.
　이와 같이 CompTIA 자격은 IT업계의 흐름 그 자체를 나타내고 있습니다.

　현재는 「각각의 IT업무에서 고객환경을 이해하고 최적의 환경으로 조성하는 능력」을 평가할 수 있는 실무능력시험으로서
- 업무기준으로 사용하여 OJT의 삭감 및 교육 비용의 절감
- 각 레벨(신입사원, 주임, 관리직 등) 및 파트너 등 실무평가기준
- 고객만족도의 향상
- 채용기준

등을 목적으로 전세계에 도입되고 있습니다.

Project+ 소개

CompTIA의 Project+는 IT 프로젝트 관리자의 지식과 능력을 인증하는 국제 자격증입니다. 세계적인 IT research 기관인 Gartner에서 시행되던 Core Capabilities exam이 2001년 CompTIA로 이관되면서 IT Project+로 명명되었으며 State Farm, Comark, CompuCom, Cable Express Technologies, Emtec, Care Call, Novell, Insight Services 등 유수의 IT업체에서 널리 채택되다가 2003년부터 Project+ 로 변경되면서 모든 산업분야를 망라하는 현대 기업 경영의 필수 능력인 프로젝트 관리 능력에 대한 전문성을 평가하는 국제적 인증으로 명성을 떨치고 있습니다. 현재 HP, Cisco, Dell, Canon 등 27,000여 CompTIA 회원사에서 Project+를 채택하고 있으며 경영과 IT분야를 망라하는 프로젝트 관리 역량 향상을 지향하는 분을 대상으로 제작된 세계적인 프로젝트 관리 자격입니다.

CompTIA Project+ 시험은 프로젝트 관련 비즈니스 전문가를 위한 것입니다. 이 시험은 응시자가 합격할 경우 프로젝트 수명 주기, 역할 그리고 프로젝트를 효과적으로 착수, 계획, 실행, 모니터링/통제 및 종료하는 데 필요한 기술에 대한 중요한 핵심 지식을 갖고 있음을 보증해 줍니다.

이 시험은 소규모에서 중간 규모의 프로젝트를 선도, 관리, 감독 및/또는 참여한 누적 경험이 12개월 이상 된 응시자를 위한 것입니다.

CompTIA Project+는 프로젝트와 비즈니스 이니셔티브를 성공적으로 관리하는 데 필요한 비즈니스, 대인 관계 및 기술 프로젝트 관리 능력을 테스트합니다. 본 시험에서 측정하는 능력과 지식은 업계 전반에 걸친 작업 분석을 통해 얻은 것으로 업계 전반에 걸친 설문 조사를 통해 그 유효성이 검증되었습니다. 이러한 설문 조사의 결과는 출제 영역에 대한 비교 평가와 그러한 비교 평가가 해당 내용의 상대적 중요성을 나타내는 지표임을 보장하는 데 이용되었습니다.

시험은 전통적인 선형 형식으로 되어 있습니다. 시험은 약 100 문제로 이루어져 있으며 90분 동안 진행됩니다.

🔵 Project+ 출제 범위

범위	출제 비율
1장 프로젝트 사전 설정/착수	12%
2장 프로젝트 계획수립	29%
3장 프로젝트 실행 및 인도	23%
4장 변경 관리 및 의사 소통	27%
5장 프로젝트 종료	9%
전체	100%

범위에 따라 각 출제 경향은 아래와 같습니다. 여기에 나와 있지 않지만 각 출제 경향과 관련된 다른 프로세스 또는 작업이 시험에 포함될 수도 있습니다.

- 1장 프로젝트 사전 설정/착수
  - 프로젝트 착수 준비를 위한 요구사항
  - 프로젝트 특징 이해
  - 프로젝트 타당성 검증을 위한 절차 요약
  - 프로젝트 헌장 구성 요소 설명
  - 프로젝트 수명 주기와 프로세스 그룹 개요
  - 조직 구조의 종류 설명

- 2장 프로젝트 계획수립
  - 승인된 프로젝트 헌장에 기반한 프로젝트 범위 문서 준비
  - 프로젝트 계획의 구조화를 위한 WBS 및 WBS 사전 정의
  - 프로젝트 변경 관리를 위한 프로세스 서술
  - WBS, 프로젝트 범위 및 자원 요구사항에 기반한 프로젝트 일정 개발
  - 기대하는 산출물과 적합한 산출물의 창출을 위한 적정 도구와 기법의 적용
  - 제시된 상황에 대해 다음 도구 및 기법의 사용 결과 해석
  - 내 / 외부 의사소통 계획의 구성 요소 식별
  - 위험 관리 계획요소 서술
  - WBS와 자원 가용성에 기반한 역할과 자원 요구사항 식별
  - 품질 관리 계획서의 구성 요소 파악

- 원가 관리 계획의 요소 식별
- 주어진 환경에 따른 조달 프로세스 설명
- 이관 계획의 공통 요소와 목적 설명

● 3장 프로젝트 실행 및 인도
- 성과의 극대화 위한 인적 자원 조정
- 프로젝트 착수 회의의 중요성 설명 및 회의에서 수행되는 보편적 활동 개요
- 프로젝트 실행에 대한 조직 전반의 영향과 목적 식별
- 제시된 상황설명에 대해, 프로젝트 계획서 중 영향을 받는 구성 요소를 선택하고 취해야 할 조치를 선택

● 4장 변경 관리 및 의사소통
- 제시된 상황에 대해 적절한 변경 관리 절차 구현
- 3중 제약 조건에 대한 잠재적 변경의 영향 평가
- 위험관리 계획서를 이용하여 잠재적인 위험 / 기회에 대해 적절한 대응책 결정
- 제시된 상황에 대해 적합한 자원 평준화 기법 실행
- 프로젝트 산출물의 품질을 보장하기 위한 적합한 절차 설명
- 프로젝트 성과물이 품질 기준선에 제시된 사양을 벗어난 경우 사용할 수 있는 잠재적 도구 식별
- 시나리오가 주어지면 획득가치(EVM) 결과 계산 및 해석
- 제시된 상황에 대해 의사 소통 계획서를 기반으로 정보 배포 관리 및 구현
- 원격 및/또는 간접적인 프로젝트 팀원의 특수한 의사 소통 필요성 인식

● 5장 프로젝트 종료
- 공식적인 프로젝트 종료의 중요성과 효과 설명
- 프로젝트 /단계 종료가 발생할 수 있는 환경을 식별하고 종료 시 취할 절차를 파악
- 종료문서의 구성 요소 및 목적 식별

Project+ 세부사항

범위	출제 비율
문항수	100문항
제한시간	90분
합격점수	710(on a scale of 100~910)
추천대상	1년이상의 중소형 규모의 프로젝트 업무를 참여, 감독 및 관리한 자
언어	영어, 한국어
시험코드	PK0-003

Project+ 시험방식

- 컴퓨터를 통한 온라인 테스트인 CBT(Computer Based Test)
- 4지 선다형(복수 정답이나, 無 정답은 없음)
- 영문, 한글 중 선택이 가능
- Mark 기능이 있어 확인 가능
- 시험 종료 후 합격 여부를 바로 확인할 수 있음
- 자신이 원하는 날짜에 응시가능(토요일, 공휴일 가능)
- 자격 취득 후 별도의 자격 갱신이 필요 없음

Project+ 취득시 혜택

- CompTIA Project+는 프로젝트 매니지먼트 스킬 향상을 지향하는 분을 대상으로 제작된 세계적인 프로젝트 관리 자격입니다.
- 소규모부터 중 규모 프로젝트를 수행할 때에 필요한 프로젝트의 목적과 범위, 시간, 비용, 품질, 리소스, 커뮤니케이션, 리스크 등의 분야를 망라하여 학습할 수 있으며, 업계를 막론하고 프로젝트 매니지먼트에 필요한 표준지식과 실행방법을 습득할 수 있습니다.
- 취업시 자격증 요구 기업: IBM, 모토로라, 시만텍, 히타치, 오라클, 제록스, 캐논, 마이크로소프트, 도시바, 코스트코, 월마트, 펩시, 코카콜라, 이베이, 미 국방부, 국내에 상주하는 글로벌 기업에서 요구하며 우대하고 있습니다.

CONTENTS

제 1 장 프로젝트 사전 설정 및 착수 · · · · · · · 13

- 1.1 프로젝트 일반 소개 · · · · · · · 15
  - 1.1.1 프로젝트 관리 정의 · · · · · · · 15
  - 1.1.2 프로젝트 생명 주기 · · · · · · · 17
  - 1.1.3 프로젝트 조직 구조 · · · · · · · 18
  - 1.1.4 프로젝트 타당성 검증 · · · · · · · 20
- 1.2 프로젝트 통합 관리 · · · · · · · 21
  - 1.2.1 프로젝트 헌장 작성 · · · · · · · 21
- 1.3 의사소통 준비 · · · · · · · 24
  - 1.3.1 이해관계자 식별 및 분석 · · · · · · · 24

제 2 장 프로젝트 계획수립 · · · · · · · 27

- 2.1 통합 관리 계획 · · · · · · · 29
  - 2.1.1 프로젝트 관리 계획서 개발 · · · · · · · 29
- 2.2 범위 계획 · · · · · · · 31
  - 2.2.1 범위 문서 준비 · · · · · · · 31
  - 2.2.2 WBS 작성 · · · · · · · 32
- 2.3 일정 계획 · · · · · · · 36
  - 2.3.1 활동 정의 · · · · · · · 36
  - 2.3.2 활동 순서 배열 · · · · · · · 36
  - 2.3.3 활동 기간 산정 · · · · · · · 39
  - 2.3.4 프로젝트 일정 수립 · · · · · · · 40
- 2.4 원가 계획 · · · · · · · 47
  - 2.4.1 원가 관리 요소 식별 · · · · · · · 47
- 2.5 품질 계획 · · · · · · · 50
  - 2.5.1 품질 계획 수립 · · · · · · · 50
- 2.6 자원 계획 · · · · · · · 53
  - 2.6.1 프로젝트 팀 생성 · · · · · · · 53
  - 2.6.2 인적 자원 관리 계획 · · · · · · · 55
- 2.7 의사소통 계획 · · · · · · · 57
  - 2.7.1 의사소통 계획 수립 · · · · · · · 57

2.8 위험 계획 ··· 59
　　2.8.1 리스크 관리 계획 ··· 59
　　2.8.2 리스크 분석 ·· 61
　　2.8.3 리스크 대응 계획 ··· 63
2.9 조달 계획 ··· 65
　　2.9.1 조달 계획 수립 ·· 65

제 3 장 프로젝트 실행 및 인도   69

3.1 통합 관리 실행 ··· 71
　　3.1.1 프로젝트 관리 실행 ·· 71
3.2 품질 실행 ··· 72
　　3.2.1 품질 보증 ·· 72
3.3 자원 실행 ··· 74
　　3.3.1 프로젝트 팀 획득 ·· 74
　　3.3.2 프로젝트 팀 관리 ·· 74
3.4 의사소통 실행 ··· 79
　　3.4.1 정보 배포 ·· 79
　　3.4.2 의해관계자의 기대치 관리 ····································· 79
3.5 조달 실행 ··· 81
　　3.5.1 공급자 선정 ·· 81

제 4 장 변경 통제 및 의사소통   83

4.1 통합 관리 통제 ··· 85
　　4.1.1 프로젝트 통합관리 감시 통제 및 통제 수행 ········· 85
4.2 범위 통제 ··· 86
　　4.2.1 변경 관리 ·· 86
　　4.2.2 범위 검증 ·· 87
4.3 일정 통제 ··· 88
　　4.3.1 일정 통제 ·· 88

4.4 원가 통제	90
4.4.1 획득 가치 관리	90
4.5 품질 통제	95
4.5.1 품질 통제 도구	95
4.6 의사소통 통제	98
4.6.1 성과 보고	98
4.6.2 특수한 의사소통	98

제 5 장 프로젝트 종료 ···· 101

5.1 통합 관리 종료	103
5.1.1 프로젝트 종료 및 단계 종료	103
5.2 조달 종료	105
5.2.1 조달 종료	105

Final Test 200제 A형 ···· 109

Final Test 예상문제 A형 해설 ···· 133

Final Test 200제 B형 ···· 149

Final Test 예상문제 B형 해설 ···· 171

Project+ 시험응시방법 ···· 187

Glossary ···· 195

INDEX ···· 215

제1장 프로젝트 사전 설정 및 착수

● 주요내용

제 1 장 프로젝트 사전 설정 및 착수(Pre-Project Setup/Initiating)는 프로젝트 관리 프로세스를 소개하기 앞서, 프로젝트 관리의 기본 개념과 목적을 설명합니다. 이 장을 통해, PM으로서 프로젝트 사전 준비 사항을 확인하십시오.

1. 프로젝트 관리 생명주기(Life Cycle)은 기본적으로 아래 5단계 프로세스로 구성되어 있습니다.

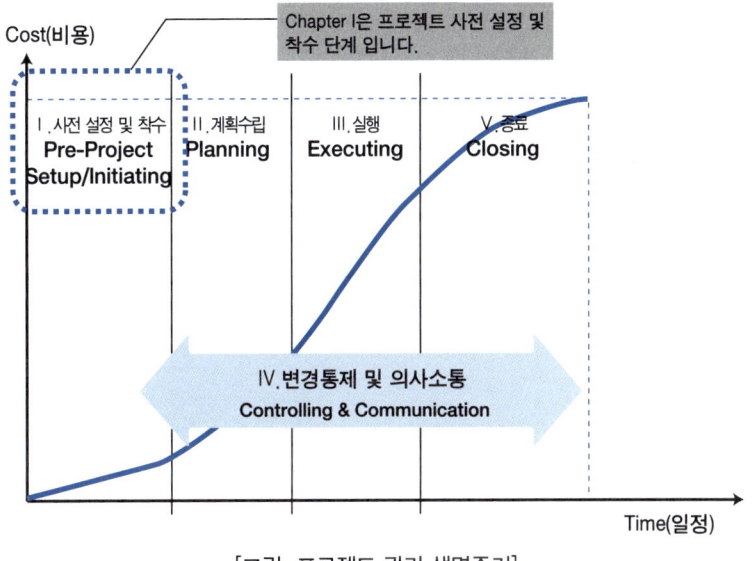

[그림 프로젝트 관리 생명주기]

- 프로젝트는 한정된 기간, 예산, 자원 내에서 사용자가 만족할 만한 소프트웨어 제품을 개발시 키도록 하는 모든 기술적, 관리적 업무를 지칭함.

2. 프로젝트 생명주기를 설명하면 아래 표와 같이 특징과 주요 산출물을 가지고 있습니다.

프로세스	특징 및 설명	주요 산출물
Pre-Project Setup/Initiating	프로젝트 사전 설정 및 소개	Project Charter 작성
Planning	프로젝트 범위 및 요구사항을 파악하고 구현을 위한 계획 단계	Project Management, Schedule, Staffing, Communication Plan 등
Executing	프로젝트 구현, 작업 실행	Deliverables(인도물) 작성

프로세스	특징 및 설명	주요 산출물
Monitoring & Controlling	프로젝트 성과 모니터링 및 변경된 작업 관리	Performance reports Corrective action
Closing	공식적인 프로젝트 종료	Sign-off from the customer or sponsor

[표 생명주기 프로세스]

학습목표

이 장을 학습하시면 CompTIA Project+ 시험 대비 및 실무에 대해 아래 지식을 습득하게 됩니다.

- 프로젝트, 프로젝트 관리, 프로그램 관리, 포트폴리오의 개념 및 관계
- 프로젝트 관리자의 역할 및 프로젝트 관리 지식 체계
- 프로젝트 헌장
- 프로젝트 조직 구조 종류

1.1 프로젝트 일반 소개

프로젝트 일반 소개 부분은 프로젝트를 성공적으로 시작하고 종료하기 위하여 프로젝트를 관리하는 사전 지식과 정보를 정리하고, 나아가서 프로젝트 관리 시험을 합격하기 위한 기본 지식을 제공한다.

Project+ 1.1.1 프로젝트 관리 정의

프로젝트 관리의 정의는 프로젝트를 성공적으로 관리하는데 필수적인 일정, 조직, 인력, 지휘, 통제를 제공하는 절차와 실행기술/지식 등의 체계적 관리로 정의를 내릴 수 있다. 즉, 유일한 제품(Product), 서비스, 결과물을 창출하기 위해서 정해진 시간(Temporary)에 리소스와 노력을 투입하는 활동이다.

프로젝트의 주요 특징으로는,

- 일시적인 노력(Temporary)을 드리고, 프로젝트 시작과 끝이 있다는 의미이며,
- 고유한 제품과 서비스를 제공(Unique)하며,
- 시간과 인력 제약(Constraint of Time)을 받으며,
- 자원과 품질(Resource and Quality)을 제공함에 있다.

시험에 자주 출제되는 부분 중의 하나가 프로젝트와 운영 구분 설명이 타당한 것으로 물어보는 경우가 있으므로, 잘 이해하기를 바란다. 즉, 프로젝트와 운영과의 주된 차이점은 프로젝트는 짧은 기간내에서 유일한 Product과 Service를 만들어 내는 활동이라는 점이다.

Project Manager(프로젝트 관리자)는 프로젝트 목표달성을 위한 책임자이며, 갖추어야 할 역량으로는 프로젝트 관리 지식, 성과를 달성하고, 팀을 이끌기 위한 리더쉽에 대한 인성을 갖추어야 한다. 더불어, 프로젝트 관리자는 관리 능력을 향상 시키기 위해서 문제해결 능력 향상을 위한 기술적인 지식을 습득해야 한다. 대형 프로젝트 관리자로서의 가장 중요한 필수 능력 중의 하나는 프로젝트 stakeholder와 의사소통 및 통합 능력이다.

즉, 프로젝트 관리자는 프로젝트 팀과 프로젝트 스폰서 사이의 커뮤니케이션을 담당하며, 프로젝트 초기 계획에서는 프로젝트 계획 수립에 대부분의 시간을 할당한다.

프로젝트 관리자가 커뮤니케이션을 수행하기 위해서는 이해관계자들 식별과 분석이 필요하며, 다음은 이해관계자들에 대한 설명이다.

이해관계자란? 프로젝트에 요구사항을 내놓는 고객, 담당 조직, 프로젝트 팀 등을 지칭하는 용어이며, 각 이해관계자마다, 자신만의 이해관계에 얽혀있기 때문에, 프로젝트 초반에 이해관계자들을 식별하고, Project Manager는 이들 사이의 균형을 유지하고, 상호 협조할 수 있도록 해야 한다. 다음의 이해관계자들을 호칭하는 용어를 잘 이해할 수 있어야 한다. 더불어 이해관리자를 기록하는 문서를 Stakeholder's Register, 즉 '이해관계자 등록부'라고 한다.

이해관계자	특징 및 설명
Customers	- 프로젝트 생산물에 대한 요구사항을 내놓고, 향 후 사용할 사용자(Users)
Sponsor	- 스폰서는 프로젝트의 비용과 경영진들에게 최종 보고하는 Project Manager 상위에 위치한 개인이나 조직 - Project Initiator 라고도 부르며, 프로젝트를 취소할 수 있는 권한을 가짐
Project Manager	- 단일 프로젝트의 성공에 대한 책임자
Program Manager	- 사업부문(Business Unit) 혹은 팀에서 진행하는 다수의 프로젝트 관리자
Portfolio Manager	- 기업 전체, 전사(Enterprise) 프로젝트 보고, 모니터링 등 총괄 관리자
Project Team	- 프로젝트에 관련된 「팀원」들의 집합
Functional Manager	- 기능 관리자로서, 프로젝트 인적 자원, 회계 등의 관리자 역할 수행 부서 장을 지칭함
Operation Manger	- 운영 관리자로서, 연구, 개발, 제품설계, 제조, 권한관리 등의 업무를 수행하는 관리자
Sellers/Business partners	- 구매에 의해 체결된 외부 아웃소싱 업체를 지칭함

[표 이해관계자 목록]

프로젝트 관리를 진행하는 경우, 우리가 종종 마주치는 경우 중의 하나가 이해당사자들간의 요구사항 우선순위 도출이며, 이 우선순위가 일부 고객의 요구사항인 경우, 주관적인 요구로 인해 프로젝트 관리자는 상위 레벨의 위험을 수반하는 경우가 있다. 프로젝트 관리자는 프로젝트 현황을 잘 파악하여 통합관리를 효율적으로 해야 한다.

Project+ 1.1.2 프로젝트 생명 주기

프로젝트 생명 주기(Project Llife Cycle)의 프로젝트 초기 단계는 원가 및 프로젝트의 이해도가 낮은 상태에서 시작되며, 프로젝트 완료 단계에 접근 할 수록, 이해관계자의 영향력, 리스크, 불확실성은 점차 낮아지는 특성을 가지고 있다.

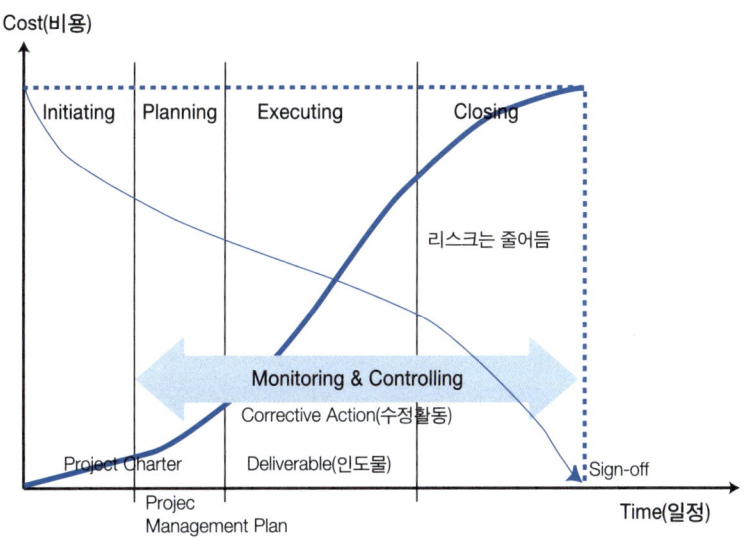

[그림 프로젝트 생명 주기]

프로젝트 생명 주기는 착수-계획-수행-변경 통제 - 종료의 5개 프로세스 그룹으로 구성된다.

단계	내용	주요 구성요소
착수단계 (Initiating)	프로젝트 및 수행 단계의 요건 정의	- 프로젝트 승인 - 프로젝트 또는 각 단계에 조직 배정 - 전반적인 방향 설정 - 최고수준의 프로젝트 목표 정의 - 필요한 승인 및 자원 확보
착수단계 (Initiating)	프로젝트 및 수행 단계의 요건 정의	- 전체 비즈니스 목표와 일관성 유지 - 프로젝트 매니저 임명 - 통합관리
계획단계 (Planning)	범위계획, 범위정의, 활동정의, 원가산정, 예산수입, 품질, 조직, 인력계획, 위험계획 등 프로젝트 관련사항 계획	- 프로젝트 범위 정의 - 프로젝트 목표 구체화

▶ 제1장 프로젝트 사전 설정 및 착수 **17**

단계	내용	주요 구성요소
계획단계 (Planning)	프로젝트 스폰서가 가장 큰 영향을 주는 단계 프로젝트 Scope Statement 만들어 지는 단계	- 필요한 모든 인도물 정의 - 프로젝트 일정 프레임 준비. - 팀원 및 이해관계자의 정보공유를 위한 포럼 제공 - 모든 필요한 활동 정의 - 모든 활동의 연결 - 필요한 기술 및 자원 확인 - 리스크 분석 및 회피. - 모든 필요한 비용의 정의 및 추정 - 프로젝트 자금 승인 획득
실행단계 (Executing)	프로젝트 계획 실행 프로젝트 구현 단계 프로젝트 시간과 자원을 제일 많이 사용하는 프로세스	- 자원 조정, 팀 개발 - 품질 보증 - 하도급업체 선정 및 협상 - 정보 공유 - 계획 실행
변경 통제 단계 (Monitoring and Controlling)	진행관련 사항을 통제 (성과보고, 범위/일정/원가/품질 등 통제) (성과보고, 범위/일정/원가/품질 등 통제)	- 팀, 이해관계자, 하도급업자 관리 - 진척도 측정, 성과(전체, 범위, 일정, 비용, 품질) 모니터링 - 필요할 경우 수정조치. 문제점 해결과 단계적 확대 - 변화 요구 관리 - 리스크 관리(기술적, 품질, 성과, 프로젝트 관리, 조직적, 외부) - 성과 보고. 통신
종료단계 (Closing)	행정종료: 프로젝트 종료를 위한 업무 수행 계약종료: 공급자와의 계약을 종결 마지막 단계이므로, 상대적으로 가장 자주 수행하지 않는 프로세스	- 활동 마무리 - 관리 종료(프로젝트 종료, 수락/사인, 평가, 구성원 평가, 교훈점 등을 공식화하는 정보의 수집, 공유, 구축) - 계약 종료(개방항목의 결정 및 최종 공식적 수용을 포함한 프로젝트 계약 완료)

[표 프로젝트 생명 주기 세부활동]

Project Management Life Cycle은 Project Life Cycle의 위 5단계 프로세스 단계에 대해, 프로젝트 관리를 진행하는 일반적인 관리 주기이다.

1.1.3 프로젝트 조직 구조

프로젝트 관리자는 조직의 의사결정자가 누구인지 파악하여 그들과 협력해야 한다. 다음은 프로젝트에 영향을 주는 조직 구조(Organization Structure)을 설명한다.

PMI에서는 아래와 같이 조직을 크게 다음 3가지로 유형으로 구분한다.

하나는 현업 중심의 기능(Functional) 조직(영업 조직, 법무 조직, 기술조직 등)으로서, 프로젝트는 각 부서에서 독립적으로 프로젝트를 수행한다. 그러므로, 프로젝트 매니저는 약간의 코디네이션 역할을 수행하므로, 프로젝트 관리자는 대부분 권한 및 리소스 변경 등의 권한을 가지기가 어려운 조직이다. 즉, 기능부서 중심의 전통적인 조직구조로써, PM 권한이 상대적으로 타 조직에 비해 현저히 적다.

두 번째는 매트릭스(Matrix) 구조로서, 기능조직에서 각 프로젝트 인원으로 할당되어, 프로젝트를 진행하는 조직 형태로서, Weak Matrix → Balanced Matrix → Strong Matrix로 이동할수록, 프로젝트 매니저에게 많은 권한을 주는 PMO 형태이다. 이러한 매트릭스 조직은 프로젝트 팀 구성 시, 인력(스탭) 관리계획을 잘 수행해야 하는 조직 형태이다. 프로젝트 관리자가 촉진자 역할을 수행하는 대부분은 약한 매트릭스 구조에서 수행된다. 특히, 위 조직에서의 PM은 프로젝트 기간 및 향후 프로젝트의 지속적인 지원 보장을 위해서 기능관리자와 원만한 관계를 형성해야 한다.

세 번째의 프로젝트(Projected) 조직은, 처음부터 프로젝트 매니저가 조직의 매니저를 같이 수행하는 완전 프로젝트 중심의 조직이다. 즉, 프로젝트 권한을 PM이 가지고 있는 프로젝트 중심의 조직이다.

기능중심 →→→→→→→→→→→→→→→→→→→ 프로젝트 중심의 조직

프로젝트 특성별 비교항목	조직구조	기능 조직 (Functional organization)	매트릭스 조직(Matrix)			프로젝트 조직
			약한 매트릭스	균형 매트릭스	강한 매트릭스	
	Project Manager 권한	거의 없음	제한적	제한적~보통	보통~강함	높음~전체 보유
		Coordinator	Expeditor		Project Manager	
	인력 가용 능력	거의 없음	제한적	낮음~보통	보통~높음	높음~전체 보유
	프로젝트 예산 관리	Functional Manager	Functional Manager	Functional/Project Manager Mixed	Project Manager	Project Manager
	프로젝트 매니저 시간 투자	일부 시간 투여	일부 시간 투여	전체 시간 할당	전체 시간 할당	전체 시간 할당
	프로젝트 팀원 시간 투자	일부 시간 투여	일부 시간 투여	일부 시간 투여	전체 시간 할당	전체 시간 할당
	구 분	현업에서 독자 프로젝트 진행	프로젝트 매니저 중심이 되어, 프로젝트를 수행하는 조직 형태			완전 프로젝트 중심 조직

[그림 기업 조직 구조]

기업 조직 구조는 기능 조직, 매트릭스 조직, 프로젝트 조직 3가지로 구성된 유형이다.

마지막으로 위 그림에서 없는, 기능 조직에서 특별한 프로젝트 처리를 위해, 한시적으로 독자적인 프로젝트를 수행을 위한 TF(Task Force) Team 형태로 수행되는 복합 조직이 있다.

Project+ 1.1.4 프로젝트 타당성 검증

프로젝트 타당성 검증을 위한 절차는 다음 비즈니스 케이스를 검증해야 한다. 즉, 프로젝트를 진행할 가치가 있다고 판단하는 문서를 Business Case라고 한다. 아래 3개 요소가 타당성을 검증하는 사례로, 가볍게 이해하고 넘어가길 바란다.

- 타당성 분석 : NPV(Net Present Value ; 순현재가치), PP(Payback Period ; 원금회수기간), Opportunity Cost(기회비용 ; A를 버리고 B를 진행한다면, A가 기회비용임) 통한 프로젝트 우선순위 및 타당성 분석
- 프로젝트 정당성 : 프로젝트의 목적과 요구사항을 통한 검증이 가능
- 기업 전략 계획과의 연관성: 기업의 전략적 이해관계와 연계

주요키워드

Key Terms	특징 및 설명
이해관계자	Stakeholder로써, 프로젝트 초기, 완료 시에 매우 중요한 승인 역할을 담당한다.
Portfolio Review Board	기업에서 모든 프로젝트의 승인, 투자대비 효과, 프로젝트의 유효성을 판단하는 위원회라고 부름. 더불어, 여러 개의 프로젝트 관리를 프로그램 관리라고 말하며, 여러 개의 프로젝트를 동시 관리하는 조직을 보통 PMO라 부른다.

CompTIA 영역 참조
- 1.1 프로젝트 착수 준비를 위한 요구사항
- 1.2 프로젝트 특징 이해
- 1.3 프로젝트 타당성 검증을 위한 절차 요약
- 1.5 프로젝트 수명 주기와 프로세스 그룹 개요
- 1.6 구조와 종류 설명

1.2 프로젝트 통합 관리

프로젝트 통합관리는 프로젝트 9개 지식영역에 대해, 전체를 통합 관리하는 영역으로서, 프로젝트 사전 설정 및 착수단계에서는 프로젝트 헌장을 만들어, 상위 관리자에게 프로젝트의 공식 진행을 위해 사전 승인(Sign-off)을 받는다. 프로젝트 헌장이라는 단어가 익숙하지 않을 것인데, "프로젝트 승인 요청서"로 생각하면 된다. 크게 착수회의(Kick off meeting)에 사용하는 그런 국내 보고서가 아니라는 것만 알면 되겠다.

Project+ 1.2.1 프로젝트 헌장 작성

프로젝트 헌장(Charter)은 프로젝트 자원, 예산, 목표를 부여하기 위해 권한을 가진 관리자로부터 승인 받은 문서로서, 이 문서를 통하여 프로젝트 관리자는 조직의 자원과 프로젝트 활동을 수행할 권한이 주어진다.

프로젝트 헌장에서 많이 출제되는 문제는 보통 2가지 인데, 하나는 상황에 대한 질문이다. 이를테면, 프로젝트를 직접 기획한 프로젝트 관리자가 조직적인 자원을 받아서 배정하기(Resource Assignment)가 어려운 이유는 무엇인가? 라는 유형의 문제인데, 바로 본인이 기획하고, 상위 관리자에 의해 Project Charter 권한을 받지 못한 경우에 해당이 되겠다. 이를 바탕으로 확장하면, 타 팀에서 Resource 를 받는 기준이나 참조하는 문서가 바로 프로젝트 헌장이 되겠다.

두 번째는 프로젝트 헌장에 들어가는 것을 판별하는 경우의 문제이다. 보통 아래 표가 프로젝트 헌장에 들어가는 공통 구성요소이다.

구성요소	특징 및 설명	예시
프로젝트 핵심 산출물	- 프로젝트 단계에 도출될 인도물	- 프로젝트 관리 계획서
상위 수준의 마일스톤	- 분석, 설계, 구현, 테스트, 릴리즈의 마일스톤	- 월간보고서
상위 수준의 원가 산정치	- 프로젝트 전체 비용	- 총 비용 200백만 달러 산정
이해관계자 식별	- 주요 고객 및 커뮤니케이션 담당자	- 고객, 영업 담당자
일반적인 프로젝트 수행방법	- 프로젝트 관리 및 수행 방법	- 프로젝트 관리 계획서
문제 정의	- 프로젝트의 문제 정의	- 대외 환경 및 조건

구성요소	특징 및 설명	예시
상위 수준의 가정	- 프로젝트 가정 요소 및 전제조건	- 조직 및 구성원
상위 수준의 제약조건	- 프로젝트 진행의 제약조건	- 기술, 연동방법
상위 수준의 위험	- 식별할 수 있는 초기의 리스크	- Global 고객 커뮤니케이션 이슈
프로젝트 목표	- Project Objectives	- 매출액 및 ROI - 경제적 가치(Value)

[표 프로젝트 헌장 항목]

아래 그림은 프로젝트 헌장의 예시 화면이다. 프로젝트 리더의 이름부터 진행을 위한 간단한 요구사항까지 기술된다.

Project Name		Project Leader			
Start Date		Target Completion Date			
Element	Description	Team Charter			
1. Project Scope	프로젝트 범위 기술				
2. Process	이 프로젝트에서 적용할 혹은 목표로 하는 프로세스 기술				
3. Objectives	프로젝트 목표로 하는 영향력 및 Critical Business metrics 기술	Metric	Baseline	Goal	
4. Business Result	- Dollars로 기술 - 매출 증대 및 비용 절약 등				
5. Benefits	프로젝트를 통한 추가적인 비용 등 기술				
6. Team Member	프로젝트 책임 및 진행에 대한 각 담당자 기술				
7. Schedule	주요 마일스톤 및 Date 정의	Analysis Review			
		Measure Review			
		Control Review			
		Project Complete			
8. Support required	프로젝트에서 특별하게 필요로 하는 Capability, Hardware, Trial, etc				

[그림 프로젝트 헌장 예시]

위 프로젝트 헌장 승인이 완료되면, 일반적인 다음 작업은 프로젝트 담당자들과의 착수회의(Kick off meeting)를 진행하게 된다.

주요키워드

Key Terms	특징 및 설명
SOW	Statement of work, 즉 프로젝트 작업 기술서를 지칭하며, 프로젝트 헌장 작성을 위한 입력물이 됨

CompTIA 영역 참조
- 1.4 프로젝트 헌장 구성 요소 설명

1.3 의사소통 준비

프로젝트 타당성 검증을 위한 절차에는 업무 사례(Business case) 식별과 이해관계자 식별 (Identity stakeholder)이 있다.

프로젝트 착수 프로세스 내에서는 프로젝트 전체 결과에 영향을 미치는 대내 및 대외 이해관계자를 식별 및 분석하여 이해관계자 등록부(Stakeholder registry)를 기록한다.

Project+ 1.3.1 이해 관계자의 식별과 분석

프로젝트의 영향을 받는 모든 사람 및 조직을 식별하여 각각의 이해 사항, 관여도, 영향력에 관한 정보를 문서화 하는 프로세스이다.

이해관계자의 식별은 초기 프로세스 단계에서 나타나는데 프로젝트 헌장과 프로젝트 타당성 검토 단계에서 나타난다.

이해관계자 식별을 위해 입력물은 프로젝트 헌장, 조달 문서, 조직 및 회사의 문화 및 구조, 정부 또는 산업 표준 등이 필요하다.

이해관계자 분석은 프로젝트 초기에 하게 되며 수행과정에서도 수시로 이해관계자 분석을 통해 빠짐없이 식별하여 관리하는 게 중요하다. 이해관계자 분석은 일반적으로 아래 단계를 따른다.

- 1단계
  - √ 모든 이해관계자와 관련 정보를 식별
- 2단계
  - √ 이해관계자의 잠재적인 영향력과 지원 범위를 식별 및 분류
- 3단계
  - √ 이해관계자들의 반응과 응답에 대한 평가

이해관계자 등록부(Stakeholder registry)는 식별된 이해관계자와 관련된 모든 정보를 문서화한 산출물이다. 이해관계자 등록부에 포함되는 정보에는 다음 사항이 포함된다.

- 신원 식별 정보: 성명, 직위, 역할, 연락처
- 정보 평가: 주요 요구사항, 기본적 기대사항, 잠재적 영향력, 생애주기에서 최대 이해 관계의 단계
- 이해관계자 분류: 내부/외부, 지원자(supporter)/중립자(neutral)/반대자(resistor) 등
  - √ 지원자: Positive Stakeholder
  - √ 반대자: Negative Stakeholder

주요키워드

Key Terms	특징 및 설명
IT거버넌스 (Governance)	정보 기술(IT) 자원과 정보, 조직을 기업의 경영 전략 및 목표와 연계해 경쟁 우위를 확보할 수 있도록 하는 의사 결정 및 책임에 관한 프레임워크
프로젝트 헌장	Project Chart라고 불리며, Stakeholder 가 누구인지 식별하는 목적과 프로젝트 목표를 공유하는 문서

CompTIA 영역 참조

- 1.3 프로젝트 타당성 검증을 위한 절차 요약
- 1.4 프로젝트 헌장 구성 요소 설명

제2장 프로젝트 계획수립

🔵 주요내용

제2장 프로젝트 계획수립은 프로젝트 목표를 성취하기 위해 수행해야 하는 활동들을 계획하는 단계입니다.

1. 계획수립 단계는 프로젝트 관리 생명주기(Life Cycle)의 두번째 단계(Phase)입니다.

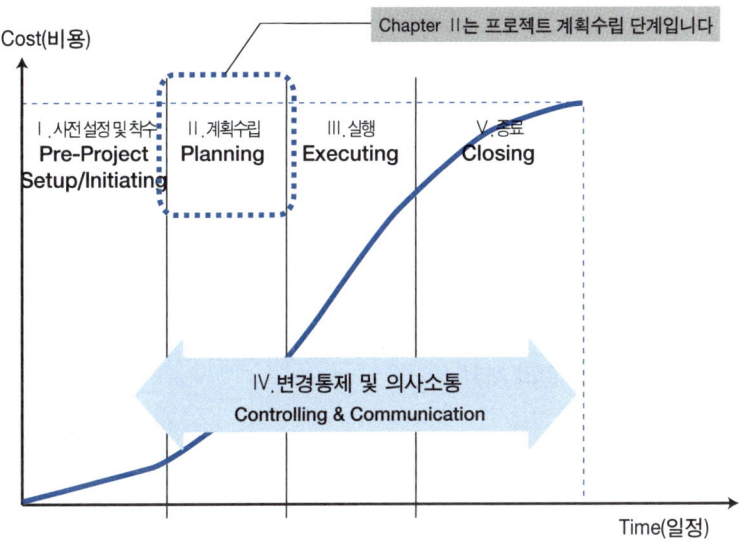

[그림 프로젝트 계획수립 단계]

- 차후 인도물의 승인을 위해서 계획 수립단계에서 이해관계자를 참여시키는 것이 필요함
- 계획 수립은 단 한번에 산출물이 완벽하게 나올 수 없으므로, 점진적으로 구체화 하는 과정을 거쳐야 하며, 이를 '연동 계획(rolling wave planning)'이라고 부름

2. 프로젝트 계획수립 단계는 다음 9가지 유형이 있습니다.

프로세스	특징 및 설명
통합 관리 계획	9개 프로젝트 지식 영역에 대한 프로젝트 관리 계획서를 개발
범위 계획	프로젝트의 범위와 영역을 명백하게 구분하고 문서화하여 WBS의 Activity를 정의
일정 계획	활동(Activity)을 정의하고 순서를 연결하여 프로젝트 전체 일정을 정의

프로세스	특징 및 설명
원가 계획	원가 관리 요소를 식별하고 활동별 원가를 산정하여 예산을 정의
품질 계획	프로젝트의 품질요구사항을 식별해서 준수하고 입증하는 방법을 정의
자원 계획	프로젝트에 필요한 자원에 대한 투입 일정을 정의
의사소통 계획	이해관계자들의 요구사항을 식별하고 의사소통 방법을 정의
위험 계획	프로젝트에 대한 위험 관리 활동의 수행 방법을 정의
조달 계획	외부 구매 결정사항 및 계약유형을 정의

학습목표

이 장을 학습하시면 CompTIA Project+ 시험 대비 및 실무에 대해 아래 지식을 습득하게 됩니다.

- 프로젝트 관리 계획서
- 범위 문서 및 WBS
- 프로젝트 일정 수립
- 원가 관리 요소 식별
- 품질 계획 수립
- 프로젝트 팀 생성, 인적 자원 관리 계획
- 의사소통 계획
- 위험 관리 계획, 분석, 대응 계획
- 조달 계획

2.1 통합 관리 계획

프로젝트 통합 관리의 계획은 제1장의 프로젝트 사전 설정 및 착수 단계를 수행하여, 구체적인 수행계획을 수립하는 프로젝트 계획 단계이다.

2.1.1 프로젝트 관리 계획서 개발

프로젝트 관리 계획서는 9개 지식 영역에 대한 관리 계획서를 전체 포함하므로, Resource management plan, Staffing management plan, Communication management plan 등을 포함하는 전체 문서이며, 프로젝트 관리 계획서는 당연히, 프로젝트 계획단계에 만들어진다.

프로젝트 관리 계획 항목	특징 및 설명
Scope management plan	- WBS의 준비와 어떻게 범위에 대한 변경이 진행되는지 또 산출물이 어떻게 검증되는지 등에 대한 절차를 설명한 계획 문서
Schedule management plan	- 프로젝트의 Scope를 Activity로 분할하여, 각각의 작업 시작일, 기간, 완료일로 만든 프로젝트 일정 계획서
Resource management plan	- 인적 자원 계획서는 프로젝트 수행을 위해 필요한 인적 자원의 역할과 책임, 권한 및 IT 능력 등의 자원 관리 계획서로서, functional vs. cross-functional resource allocation까지 포함됨
Staffing management plan	- 프로젝트에서 Resource에 대한 unavailable 정의하는 Project Management Plan으로, Project Team resource를 언제, 어떻게 Release하는 management plan을 포함
Quality management plan	- 고객의 주어진 요구를 만족하는 제품 혹은 서비스의 질을 보존하는데 필요한 제반 기법과 활동
Communication management plan	- 프로젝트 Stakeholder 에게 회의 및 이슈 미팅에 대한 의사소통 계획과 주기(Frequency)를 포함한 보고 체계 관리 문서
Risk management plan	- 위험 관리 계획은 위험의 식별-> 정성적 위험분석 및 정량적 위험 분석을 통하여 위험의 대응 계획을 수립하기 위한 프로세스 및 계획서
Procurement management plan	- 프로젝트를 자체 개발할 것인지, 제 3자를 통해 신행할 것인시를 결정하고, 정당한 프로세스를 적용하기 위한 구매관리 계획서

[표 프로젝트 관리 계획서 목록]

프로젝트 관리 계획서를 만들기 위한 입력물(Input 항목)로는 이전에 만든 Project Charter가 해당 되겠다.

프로젝트 스폰서 및 주요 이해관계자가 최종 프로젝트 관리 계획을 공식적으로 검토하는 주요 이유는 프로젝트를 실행하기 위하여 문서 완료, 계획서 상의 모든 프로젝트 조직원에 대한 확인, 프로젝트 수행에 대한 Sign-off 등의 이유이다.

> **CompTIA 영역 참조**
> - 2.2 프로젝트 계획의 구조화를 위한 WBS 및 WBS 사전 정의

2.2 범위 계획

프로젝트 수행을 통해 고객이 요구하는 제품이나 서비스를 인도할 사항을 범위(Scope)라고 하고 범위와 영역을 명확하게 구분하고 이를 범위기술서로 문서화 하는 활동을 범위 계획(Scope Plan)이라고 한다

Project+ 2.2.1 범위 문서 준비

프로젝트 범위 정의는 프로젝트의 주요 한계를 식별하고 프로젝트에 포함될 비즈니스 기능에 대한 공통의 이해를 기반으로 한다. 범위가 정의되고 결정되어야 이를 기반으로 프로젝트 비용 및 범위에 대한 산정과 계획 수립이 가능하고 계획된 범위를 넘어선 불필요한 작업을 수행하지 않게 어떤 일을 하지 않아야 하는지 명확하게 구분할 수 있다. 작업 범위에 정의되지 않은 불필요한 업무(Gold Plating)는 결국 프로젝트 성공률을 저하시키기 때문에 프로젝트 관리자는 이를 중요 관리 대상으로 관리해야 한다.

프로젝트 헌장(Project Charter)과 요구사항 정의서를 바탕으로 작성되는 프로젝트 범위 기술서 (Project Scope Statement)는 범위 한계(Scope boundaries)와 기능, 프로젝트 범위 기준선을 설정 하는데 필요한 정보를 제공한다.

프로젝트 범위 관리 계획은 다음 항목을 포함한다.
- 프로젝트 범위 기술서 활용 절차
- WBS 작성 절차
- 인도물에 대한 검증 기준 및 최종 인도물의 사용 용도/이용 절차 정의
- 범위 변경 요청, 변경 요청 방법 및 절차 등에 대한 설명

프로젝트와 제품에 대한 상세한 설명을 개발하게 되는 범위 정의 단계를 수행하면 산출물인 범위 기술서가 작성된다. 범위 기술서(Scope Statement)는 프로젝트의 성공에 매우 중요하게 작용되며 프로젝트 착수 단계에서 문서화된 인도물, 가정, 제약 사항을 근거로 작성된다.

프로젝트 범위 변경은 반드시 변경통제 프로세스(Change Control Process)를 통해 관리 통제해야 한다.

범위 기술서는 프로젝트 관리자에 의해 작성되는 중요한 산출물로 이해관계자들이 공통적으로 이

해하는 프로젝트의 범위에 대해 설명하고 범위 제외 사항에 대해서도 기술한다.

범위 기술서는 프로젝트를 올바르게 구성하고 프로젝트 관리자와 팀 구성원을 지원하기 위해 프로젝트 전반에서 활용되고 프로젝트 범위 변경 요청에 대한 수용 여부를 결정할 때도 사용된다.

범위 기술서는 프로젝트 목표, 인도물, 인수 조건, 성공 요인, 중요도, 오너쉽 등의 항목이 포함된다.

항목	특징 및 설명
제품 범위 명세 (Product description)	- 프로젝트 헌장과 요구사항 문서에 설명된 제품, 서비스 또는 결과의 특징을 구체화
인도물 (Deliverable)	- 프로젝트 종료 후 완성되는 제품, 서비스 등의 최종 산출물 완성된 제품, 서비스를 구성하는 산출물과 프로젝트 관리 보고서, 문서 등을 포함하는 상세한 수준으로 기술된 인도물에 대한 정의
상세목표 (Detailed Objectives)	- 프로젝트를 통해 달성하고자 하는 상세 목표
경계 (Boundaries)	- 어떤 항목이 포함되거나 포함되지 않는지에 대한 기준 - 프로젝트에서 제외되는 대상을 식별하고 범위를 벗어나는 사항을 명세화하여 이해 관계자의 기대 사항을 관리
인수 조건 (Acceptance criteria)	- KPI기반의 인수 조건 및 항목들과 완성된 제품, 서비스, 결과물에 대한 인수 기준 정의
중요도 (Priority)	- 세 가지 제약 요소(범위, 일정, 비용) 중 중요도 순위
가정사항 (Assumptions)	- 프로젝트 범위와 관련된 특정 가정 사항을 설명하고 가정이 오류로 판명 되는 경우 이에 대한 잠재적 영향력에 대한 사항을 문서화하고 유효성을 확인
제약 사항 (Constraints)	- 프로젝트 범위와 관련된 어떤 옵션을 제한하는 제약 사항 - 예)책정된 예산, 마일스톤 일정, 계약 조항 등에 대한 정의
오너쉽 (Ownership)	- 프로젝트 팀 구성원의 프로젝트에 대한 책임, 역할, 오너쉽 정의

· [표 범위기술서 항목]

특정 리소스가 프로젝트 일정 기간 동안 사용 가능하다는 것은 가정 사항(Assumptions) 이다.

Project+ 2.2.2 WBS 작성

작업 분류 체계(Work Breakdown Structure)란 프로젝트 팀에서 요구되는 프로젝트 인도물을 산출하기 위해 실행해야 할 작업들을 인도물 중심의 계층 구조로 작성한 문서로 단계가 내려 갈수록 프로젝트 관련 작업이 상세하게 정의된다.

작업 분류 체계 작성은 범위 관리 영역에서 가장 중요한 활동으로 프로젝트 인도물과 작업을 더 작고 관리 가능한 요소들로 나누는 활동을 수행하게 된다.

작업 분류 체계에서 작업(Work)이란 노력의 자체가 아닌 노력의 결과물로 제품이나 인도물을 의미하고 분할(Decomposition)이란 범위 기술서에 기술된 주요 인도물과 업무를 작업 패키지 수준(Work package level)인 작고 관리하기 쉬운 구성요소로 세분화하는 작업을 의미한다.

작업 패키지(Work Package)는 일정을 계획하고 원가를 산정, 감시/통제할 수 있는 단위로 분할이 완료된 시점의 최하위 단위이다.

작업 분할 기준은 프로젝트 범위나 성격에 따라 상이하고 어떤 규칙으로 분할 할 것인가에 대한 기준도 역시 프로젝트에 따라 달라지지만 일반적으로 다음과 같은 원칙을 가진다.

첫 번째, 자원/일정 산정 및 할당이 가능하고 내/외부 의사소통에 활용, 위험식별이 가능한 단위여야 한다.
분할이 적절하게 이루어 지지 않으면 정확한 산정 및 할당이 어렵게 되고 만약, 산출물 이하의 세부 일정까지 세분화 하여 분해될 경우 관리 포인트의 증가로 의사 소통이 어려워진다.

두 번째, 전체 업무 범위를 표현하기에 적합한 단위로 분할해야 한다.
단계가 너무 적은 경우 범위 통제가 어렵고 너무 많은 경우 관리가 어렵게 된다.

마지막으로 보고 주기 이내 단위로 분할해야 한다.
보고 주기에 비해 수행 기간이 긴 경우 프로젝트 진척관리가 어려워지게 된다. 통상적으로 분할(Decomposition)의 적정수준 3 ~ 5 단계에 걸쳐 전체 범위 대비 1~10% 규모로 80M/H 또는 2주 이내 완료할 수 있는 정도의 작업 난위이다.

프로젝트를 산출물 중심으로 분해하는 과정에 나타나는 비용과 일정, 담당자 지정 등을 통제하기 쉬운 단위로 정의한 통제 계정(Control Account)은 비용 계정(Cost Account)과 같은 의미로 사용 가능하다.
즉, 비용 계정은 비용을 통제 가능한 단위로 분해한 것으로 원가를 산정하고 예산을 할당하여 사용할 수 있다는 의미이다.

통제 계정은 각 WBS 항목의 원가, 자원, 일정 등 여러 정보와 연결되어 있다.

WBS의 세부 활동(WBS activity)들은 다음과 같은 기준을 포함하고 있어야 한다.

항목	특징 및 설명
자원(Resource)	- 각 활동에 요구되는 자원 및 상세 배정 현황
산출물(Deliverables)	- 각 활동이 작업 수행을 통해 산출해야 하는 산출물
산정(Estimates)	- 일정과 예산처럼 충분한 수준의 상세 작업 내역 또는 일정 및 비용

[표 WBS 세부활동]

작업 분류 체계의 상세 활동은 프로젝트 일정, 자원 할당, 예산 배정, 리스크 평가 등 다른 영역의 기본 자료 및 기준으로 활용된다.

작업분류체계는 대내적으로 PM과 상위 스폰서, PM과 팀원들 간의 의사소통의 근거이자 원가, 일정, 자원 등의 다른 계획을 위한 기본 자료가 되고 대외적으로는 프로젝트 관리자와 고객 간의 프로젝트 범위에 대한 의사소통 근거이자 계약이다. 또한, 프로젝트 위험을 식별하기 위한 중요 문서이기도 하다.

작업분류체계사전 (WBS Dictionary)은 작업 분류 체계의 구성요소에 대한 상세한 설명을 제공하는 문서로 관리 단위 식별코드, 작업 설명, 담당조직, 일정 마일스톤 리스트, 필요 자원, 원가 산정치, 품질 요구 사항, 인수 기준 등의 정보를 담고 있다.

작업 분류 체계 사전(WBS Dictionary)은 WBS 작성 후에 작성하게 된다.

프로젝트 범위 기술서, 작업 분류 체계(WBS), 작업 분류 체계 사전(WBS Dictionary)이 범위 기준선(Cost Baseline)을 구성하는 구성 요소가 된다.

주요키워드

Key Terms	특징 및 설명
범위 기술서 (Scope Statement)	프로젝트의 인도물과 인도물을 산출하기 위한 작업들을 상세하게 설명하고 프로젝트 이해관계자들이 공통적으로 이해하는 프로젝트 범위에 대해 설명하는 문서
요구사항 문서 (Requirement documentation)	요구 사항 수집 단계에서 산출된 요구 사항 문서의 세부 사항을 기준으로 범위를 정하는데 참조

CompTIA 영역 참조
- 2.1 승인된 프로젝트 헌장에 기반한 프로젝트 범위 문서 준비
- 2.2 프로젝트 계획의 구조화를 위한 WBS 및 WBS 사전 정의

2.3 일정 계획

프로젝트 계획수립단계에서 작업분류체계(WBS)가 작성된 이후에는 프로젝트를 목표기간 내에 완료하기 위해 활동(activity)을 정의하고 선후 의존관계를 파악하여 활동 순서를 배열하고, 소요기간을 산정해서 전체 프로젝트 일정을 개발해야 하며 최종 확정 후 승인을 받은 일정이 일정기준선(Schedule baseline)으로써 통제 프로세스에서 사용된다.

일정 산정은 프로젝트를 완료하는데 필요한 모든 작업들의 총 시간을 포함한다.

Project+ 2.3.1 활동 정의

범위(Scope)는 프로젝트를 완료하는데 필요한 작업들로 구성된다. 하지만 활동 목록(Activity list)은 프로젝트 범위를 완료하기 위해 필요한 활동들을 포함하기 때문에 프로젝트 범위보다 더 상세한 수준으로 정의된다.

분할(Decomposition)은 작업분류체계(WBS)의 최 하위수준인 작업패키지(Work package)를 관리하기 쉬운 작업 단위인 활동(Activity)로 세분하는 작업이다.

마일스톤(Milestone)은 프로젝트와 관련하여 중요한 이벤트 또는 주요 산출물을 완성하는데 프로젝트 진행을 측정하기 위해 사용되는 이정표이다. 기간과 자원이 0인 시점 또는 사건이다.

Project+ 2.3.2 활동 순서 배열

활동 순서 배열은 세분화된 활동(Activity)들의 연관관계를 식별하고 논리적인 순서로 정렬을 한다.

프로젝트 활동을 시각화하여 활동 사이에 관계를 한눈에 표현하는 방법으로 PDM, ADM이 있다. PDM(Precedence Diagramming Method)은 활동이 노드에 표시되기 때문에 AON(Activity On Node) 이라고도 한다.

항목	PDM	ADM
특징	- 활동을 노드 위에 표현 - 화살표는 활동 사이의 관계	- 활동을 화살표 위에 표현 - 노드는 활동의 시작/종료

항목	PDM	ADM
연관 관계 표현	- FS, FF, SF, SS	- FS
장점	- 활동/단계 표시 가능 - PERT/CPM에서 널리 사용	- 작성이 쉬움
단점	- 작성이 어려움	- 활동만 표시, 단계 표시 불가능

[표 PDM/ADM비교]

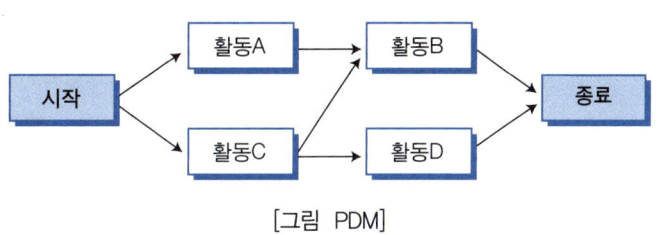

[그림 PDM]

ADM(Arrow Diagramming Method)은 활동의 시작과 끝을 원 형태의 노드로 표시하고 그 사이에 화살표로 활동의 표시하는 방식으로 활동이 화살표에 표시되기 때문에 AOA(Activity On Arrow)이라고도 한다.

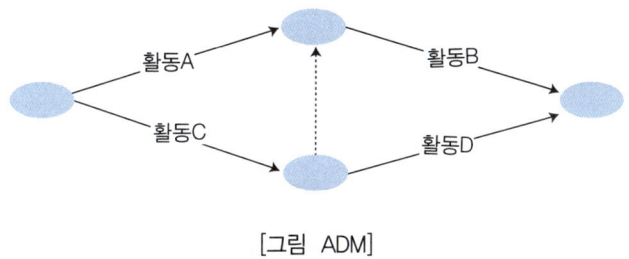

[그림 ADM]

활동은 후행활동(Successor activity)이 시작하기 전에 선행활동(Predecessor activity)이 완료되어야 하는 3가지 의존관계(Dependency types)로 연결된다.

의존관계	특징 및 설명
의무적 의존관계	- Mandatory dependency - 다른 활동에 의존적인 활동 순서 관계 및 작업이 성격 또는 계약서상 물리적 제한이 따르는 관계 - hard logic 이라고도 함
임의적 의존관계	- Discretionary dependency - 프로젝트 활동순서배열의 임의적인 순서 관계 - soft logic 이라고도 함

의존관계	특징 및 설명
외부적 의존관계	– External dependency – 프로젝트 외부와 내부 활동 간의 의존관계

[표 활동의 3가지 의존관계]

선행활동(Predecessor activity)은 다른 활동들 앞에 오는 활동이며 후행활동(Successor activity)은 다른 활동 뒤에 오는 활동이다.

선행활동과 후행활동들 사이에 논리적인 관계가 다음 4가지가 있다.

논리적인 관계	특징 및 설명	사례
FS (Finish-to-Start)	– 선행활동이 완료되면 후행활동이 시작. 가장 많이 사용	A → B
FF (Finish-to-Finish)	– 선행활동이 완료되면 후행활동이 완료	A B
SS (Start-to-Start)	– 선행활동이 시작하면 후행활동이 시작	A B
SF (Start-to-Finish)	– 선행활동이 시작하면 후행활동이 종료, 거의 발생 안 함	A B

[표 선행활동과 후행활동의 논리적인 관계]

선도나 지연을 사용한다고 일정 논리가 바뀌지는 않으나 정확한 논리 관계를 정의하기 위해서 선도나 지연을 사용한다.

선도(Lead)	지연(Lag)
– 선행활동을 종료하기 전에 후행활동을 미리 시작할 수 있는 관계	– 선행활동이 종료된 후 얼마 기간 동안 후행활동이 시작 되지 않는 관계
A → B, FS-1d	A → B, FS+2d
– A가 종료되기 전 1일(1d)전에 B를 시작	– A가 종료된 후 2일(2d)후에 B를 시작

[표 선도와 지연]

Project+ 2.3.3 활동 기간 산정

활동 기간 산정은 산정된 자원으로 각 활동을 수행하는데 소요될 시간을 추정하게 된다.

정확한 기간을 한번에 예측하여 산정할 수 있는 프로젝트 관리자는 없다. 연동 기획(Rolling Wave Planning), 점진적 구체화(Progressive elaboration) 처럼 점진적 상세화를 통해 산정된 기간의 정확성이 높아진다.

활동 기간 산정 시 각 활동을 수행하기 위해 필요한 모든 물적,인적 자원들의 종류와 수량을 산정하는 활동 자원도 산정해야 한다. 이는 인적 자원의 종류가 초급,중급,고급에 따라, 필요한 물적 자원의 종류와 수량에 따라 투입공수가 결정되기 때문이다.

산정방법	특징 및 설명
전문가판단	- Expert judgment - 활동에 투입되어야 할 자원 산정을 위해 자원 산정 전문가나 유사 경험이 있는 내부 또는 외부에 있는 자원을 통해 산정하는 방법
유사산정	- Analogous estimating - 과거 수행한 유사한 프로젝트를 참조하여 산정하는 방법
모수산정	- Parametric estimating - 수집 또는 보유한 과거 실적 데이터를 기반으로 수학적인 함수를 정의하여 산출하는 방법
3점 산정	- Three-point estimates - 위험을 고려한 일정 추정 기법 - Optimistic(낙관치), Most Likely(평균치), Pessimistic(비관치)의 평균으로 산출하는 방법 - PERT(Program Evaluation and Review)에서 개념이 비롯됨

[표 활동기간 산정방법]

3점 산정으로 추정하는 활동기간 기대치는 각 활동에 낙관치(Optimistic), 비관치(pessimistic), 평균치(most likely)의 산정 값을 계산함으로 정확도를 높이고 위험을 고려하여 산정한다.

이 3개의 산정 값의 평균을 구하여 활동 기간을 산정한다.

$$\text{평균} = \frac{(P + 4M + O)}{6} \qquad \text{표준편차} = \frac{(P - O)}{6}$$

- 낙관치(Optimistic, O) : 최상의 시나리오에서 추정되는 기간, 최대한 짧게 추정하는 기간
- 평균치(Most likely, M) : 기대 가능한 활동 기간, 보통으로 추정하는 기간
- 비관치(Pessimistic, P) : 최악의 시나리오에서 추정되는 기간, 최대한 길게 추정하는 기간

Project+ 2.3.4 프로젝트 일정 수립

프로젝트 일정 수립은 각 산정된 활동의 기간으로 시작일과 종료일을 수립하여 프로젝트의 전체 일정을 개발하는 프로세스이다.

일정개발은 궁극적으로 각 활동의 시작일과 종료일을 결정하는 것으로 활동순서, 기간, 자원요구사항 및 일정 제약사항을 분석해서 프로젝트 일정을 수립하게 된다.

프로젝트 일정 수립 시 필요한 달력은 프로젝트 일정표(Project calendar)와 자원 일정표(Resource calendar)가 있다.

- 프로젝트 일정표 : 프로젝트 전체의 표준 작업 시간 및 휴무 시간, 모든 자원에 영향을 미친다. 어떤 프로젝트는 일상적인 근무시간에만 작업하지만 다른 프로젝트는 3교대 작업을 할 수 있다.
- 자원 일정표: 특정 자원의 작업 시간이나 휴무시간, 특정 자원에 영향을 미친다. 팀원의 휴가, 교육, 특정일에 특정 자원의 작업

프로젝트 일정 수립 시 감안해야 할 입력물로 제약조건(Constraints)이 있다. 프로젝트에서 가장 큰 제약조건은 미리 정의된 데드라인이다. 예를 들면 발표회에 공개될 제품을 개발하는 프로젝트를 가정할 때 제품 개발이 발표회보다 늦게 되면 공개할 수 없기 때문이다.

시간 제약 조건으로는 Soft Constraints와 Hard constraints가 있다

제약조건	항목	특징 및 설명
Soft constraints	– ASAP(As Soon As Possible)	– 가능한 한 빨리
	– ALAP(As Late As Possible)	– 가능한 한 늦게
	– SNET(Start No earlier Than)	– 이후에 시작
	– SNLT(Start No Later Than)	– 이전에 시작
	– FNET(Finish No earlier Than)	– 이후에 완료
	– FNLT(Finish No Later Than)	– 이전에 완료
Hard constraints	– MSO(Must Start On)	– 날짜에 시작
	– MFO(Must Finish On)	– 날짜에 완료

[표 시간 제약 조건]

다국적 기업인 경우 프로젝트 일정 개발 시에는 각 조직의 근무인력, 팀 구성원의 일정, 회사의 특정 기념일 외에 종교적인 행사(Religious festivals) 및 각 국가별 휴일(Holidays in other countries)등도 고려되어야 한다.

● 주공정법(CPM, Critical Path Method)

주공정법(CPM, Critical Path Method)은 모든 자원의 제약사항을 고려하지 않고 순서, 기간, 의존관계, 선도, 지연을 반영해서 전진계산(Forward Pass)과 후진계산(Backward Pass) 분석을 수행해서 각 활동의 ES, EF, LS, LF를 계산하는 기법이다.

프로젝트 일정의 주공정경로(Critical path)는 프로젝트를 완료하기 위해 가능한 최단 기간이며 프로젝트 활동들의 순서이다. 또는 여유(Float)가 '0'인 활동을 연결한 경로이다.

용어	특징 및 설명
전진계산 (forward pass)	- 프로젝트 시작일을 기준으로 작업의 기간, 작업간의 연관관계를 통해 예상 종료일을 도출해 내는 방식 - ES(Early Start), EF(Early Finish)를 구함
후진계산 (backward pass)	- 프로젝트 종료일을 기준으로 작업 기간, 작업간의 연관관계를 통해 시작일을 도출해 내는 방식 - LS(Late Start), LF(Late Finish)를 구함
빠른 개시일 (ES, Early Start Date)	- 어떤 활동이 가장 빨리 시작할 수 있는 날
빠른 종료일 (EF, Early Finish Date)	- 어떤 활동이 가장 빨리 끝날 수 있는 날
늦은 개시일 (LS, Late Start Date)	- 어떤 활동이 프로젝트 종료일에 영향을 주지 않으면서 가장 늦게 시작해도 되는 날
늦은 종료일 (LF, Late Finish Date)	- 어떤 활동이 프로젝트 종료일에 영향을 주지 않으면서 가장 늦게 종료할 수 있는 날
여유 (Float)	- 프로젝트의 완료 날짜에 영향을 주지 않고 지연될 수 있는 활동의 여유시간 - Total float, Slack time이라고도 함
자유여유 (Free Float)	- 다음 활동의 초기 시작에 영향을 주지 않고 지연될 수 있는 활동의 여유시간

[표 CPM의 주요용어]

주공정법(CPM)으로 일정을 계산하기 전에 쉽게 계산을 위해서 프로젝트 활동을 다음과 같이 표기하도록 한다.

1	3	3		0	3	3
ES	기간	EF		ES	기간	EF
작업이름				작업이름		
LS	여유시간	LF		LS	여유시간	LF
3	2	5		2	2	5

〈기간이 일자인 경우〉   〈기간이 시간인 경우〉
EF = ES + 기간 − 1   EF = ES + 기간
다음 활동 ES = 선행 활동 EF + 1   다음 활동 ES = 선행 활동 EF

[그림 일정계산을 위한 프로젝트 활동 표기법]

활동을 표기할 때는 위 그림처럼 중앙에는 작업이름을 표기하고 중앙상단에는 기간, 좌측상단에는 ES, 우측상단에는 EF를 표기하고 좌측하단에는 LS, 우측하단에는 LF, 중앙하단에는 여유시간을 표기하도록 한다.

시험에서 활동기간을 일자나 시간으로 물어볼 수 있는데 어떤 계산방식을 사용하더라도 critical path를 구하는 데는 문제가 없다. 둘 중에 이해하기 쉬운 방식으로 계산하면 된다.

- 기간이 일자인 경우
  √ 처음 시작하는 활동의 ES가 1일부터 시작한다고 가정하고 계산을 하면 된다.
  √ EF는 ES + 활동기간 − 1로 계산하고, 다음 활동의 ES는 선행 활동의 EF + 1이 된다.
  √ ES가 1일이고 기간이 3일인 경우 활동은 3일차에 종료하게 되는데 수식으로 표현하면 EF는 ES + 기간 − 1로 1 + 3 − 1 = 3이 된다.
  √ 선행 활동이 3일차에 종료하였으므로 다음 활동의 ES는 4일에 시작하게 되는데 수식으로 표현하면 ES는 선행활동의 EF + 1이므로 3 + 1해서 4가 된다.
- 기간이 시간인 경우
  √ 처음 시작하는 활동의 ES가 0시부터 시작한다고 가정하고 계산을 하면 된다.
  √ EF는 ES + 활동기간으로 계산하고, 다음 활동의 ES는 선행 활동의 EF가 된다.
  √ ES가 0시이고 기간이 3시간인 경우 활동은 3시에 종료하게 되는데 수식으로 표현하면 EF는 ES + 기간으로 0 + 3 = 3이 된다.
  √ 선행 활동이 3시에 종료하였으므로 다음 활동의 ES는 3시에 시작하게 되는데 수식으로 표현하면 ES는 선행활동의 EF 이므로 3이 된다.

● 주공정법의 계산 절차

프로젝트 관리도구를 사용하면 주공정을 자동으로 계산하게 되나 시험에서는 수기로 계산할 수 있어야 하니 주공정법의 계산 절차를 별도로 아래와 같이 설명한다.

Critical path는 주공정법의 계산 절차대로 1단계 활동(activity) 정의부터 7단계 프로젝트 수행기간 추정까지 진행하면 쉽게 알 수 있다.
보통 시험에서는 활동산정표를 제시하면서 Critical path를 묻거나 네트워크 다이어그램을 제시하면서 Critical path를 묻는 유형이 있다.

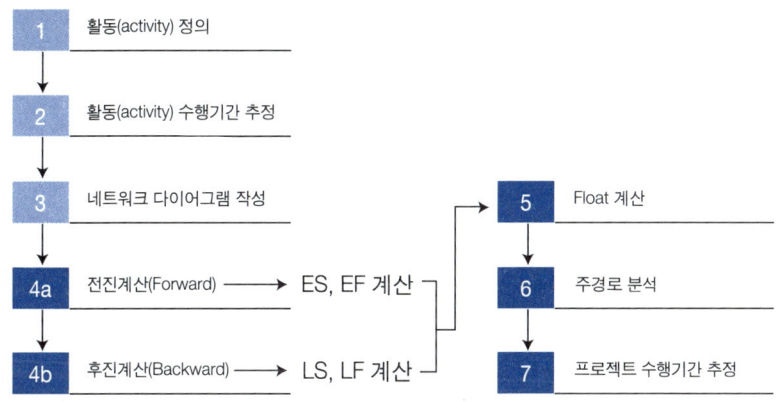

[그림 주공정법의 계산 절차]

1단계 활동(activity)정의, 2단계 활동(activity) 수행기간 추정

1. 활동(activity) 정의, 2. 활동(activity) 수행기간 추정을 진행하면 프로젝트의 활동이 식별되고, 기간이 산정되고, 의존관계가 분석되어서 아래와 같이 활동산정표를 작성할 수 있다.

활동	기간(일)	선행작업
A	3d	
B	2d	A
C	2d	B,D
D	4d	A
E	6d	D
F	3d	C,E

[표 활동산정표]

3단계 네트워크 다이어그램 작성

활동산정표를 바탕으로 네트워크 다이어그램을 작성하고 활동 중앙상단에 기간을 명시한다.

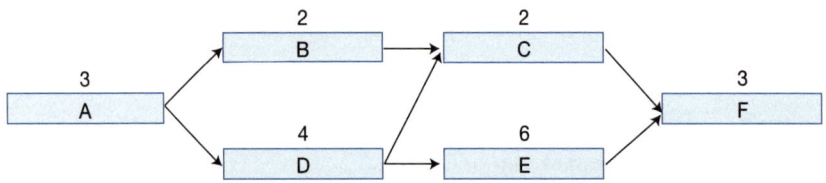

[그림 활동기간 산정된 네트워크 다이어그램]

4a단계 전진계산(Forward pass)

전진계산에서는 첫번째 시작 활동부터 종료활동까지 순차적으로 ES와 EF를 계산한다.

예시에서 활동의 기간을 일자로 하였으므로 첫번째 활동인 A활동의 ES는 1이다.

A활동의 EF는 ES + 기간 - 1로 계산해서 1 + 3 - 1 = 3이 된다.

A활동의 다음 활동인 B활동의 ES는 선행활동의 EF + 1로 계산하므로 A활동의 EF + 1 = 3이 된다.

C활동의 ES는 선행 활동인 B활동과 D활동중 큰 EF + 1로 해서 D활동의 EF + 1인 7 + 1 = 8이 된다.

전진계산순서는 A활동, B활동, D활동, C활동, E활동, F활동순으로 ES와 EF를 계산한다.

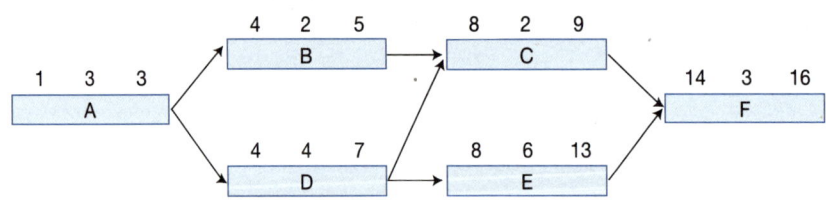

[그림 전진 계산된 네트워크 다이어그램]

4b단계 후진계산(Backward pass)

후진계산에서는 LS와 LF를 계산한다.

마지막 활동인 F활동의 LF는 EF와 동일하다. F활동의 LS는 LF - 기간 + 1로 계산하므로 16 - 3 + 1 = 14가 된다.

E활동의 LF는 F활동의 LS - 1 = 13이 된다.

D활동의 LF는 다음 활동인 C활동과 E활동중 적은 LS - 1로 해서 E활동의 LS - 1인 8 - 1 = 7이 된다.

후진계산은 전진계산 순서의 역순으로 F활동, E활동, C활동, D활동, B활동, A활동순으로 LS와

LF를 계산한다.

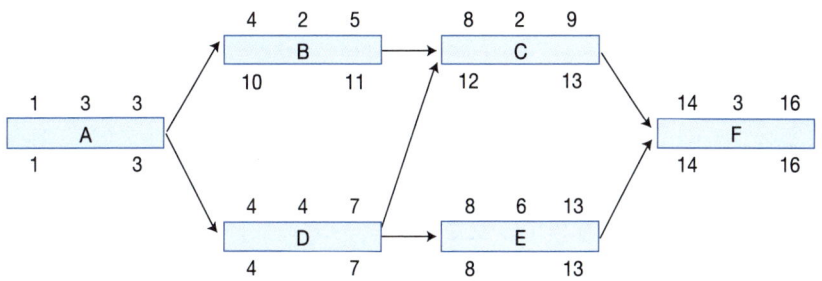

[그림 후진 계산된 네트워크 다이어그램]

5단계 Float 계산, 6단계 주경로 분석, 7단계 프로젝트 수행기간 추정

여유(Float)는 LF - EF 또는 LS - ES로 계산한다.

A활동의 Float는 LF - EF로 3 - 3 = 0이 된다.

이렇게 모든 활동의 Float를 구하게 되면 아래 그림과 같다.

주경로(Critical path)는 Float가 '0'인 활동을 연결한 경로이다.

예시에서는 A-D-E-F가 주경로가 된다.

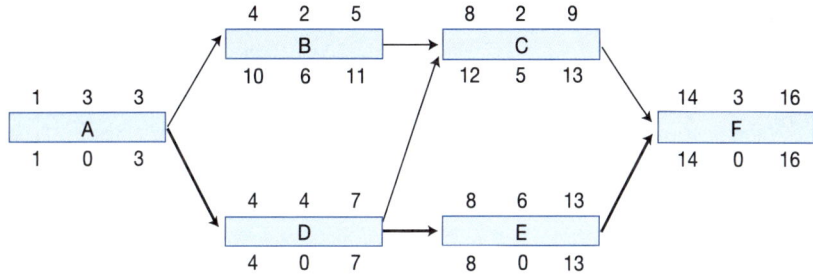

[그림 주공정경로가 계산된 네트워크 다이어그램]

● **주공정 연쇄법(CCM, Critical Chain Method)**

주공정 연쇄법(CCM, Critical Chain Method)은 계획 수립 시 과다하게 설정될 수 있는 여유시간을 줄여 통합된 버퍼로 책정하고 버퍼의 소진율을 모니터링 함으로써 전체 프로젝트 일정을 관리하는 방법이다.

CPM(Critical Path Method)은 활동에 할당된 자원이 모두 가용한 상태라고 가정하고 일정을 산정하게 된다. 하지만 계획된 자원이 모두 가용 하다는 전제조건은 실제 프로젝트 환경에서 일어나기 어렵다. 따라서 CCM(Critical Chain Method)은 자원의 가용성에 기반을 두고 프로젝트 일정을 산정하는 기법으로 자원 가용성이 적용된 Critical Path를 식별하게 된다.

주공정 연쇄법에서는 계획 수립 시 과다하게 설정될 수 있는 여유시간을 줄여 통합된 버퍼로 책정하고 버퍼의 소진율을 모니터링 함으로써 전체 프로젝트 일정을 관리하게 되는데 아래 2가지 버퍼가 있다.

- 프로젝트 버퍼(Project buffer)
  - √ Critical chain의 마지막 끝에 추가된 버퍼
  - √ 프로젝트가 지연되더라도 프로젝트 버퍼 내에서 일정을 소진하여 프로젝트 목표 종료일이 Critical chain을 벗어나지 않도록 보호한다.

- 피딩 버퍼(Feeding buffer)
  - √ Critical chain에 속하지 않은 활동이 Critical chain에 연결되는 각 지점에 배치하는 버퍼
  - √ Critical chain으로 주입되는 활동의 지연으로부터 Critical chain을 보호한다.

일정 기준선(Schedule baseline)은 일정개발에서 산정된 특정 버전의 프로젝트 일정으로 이해관계자들이 승인한 프로젝트 일정이다. 일정 기준선은 프로젝트 진행 상황을 측정할 때 사용되는 프로젝트 일정이다. 일정에 대한 작업의 실제 진행 상황과 비교를 제공한다.

주요키워드

Key Terms	특징 및 설명
GERT(Graphical Evaluation and Review Technique)	작업공정에 대해서 확률적인 개념의 도입을 시도, 조건부 루프를 허용 네트워크를 화살도형법으로 표시하고, 각각의 화살표에는, 그것이 실시될 확률이나 작업내용을 표시한 시간, 비용, 신뢰성 등의 Parameter를 확률분포를 가진 변수로서 규정
간트차트(Gantt chart)	관련된 시작 및 완료 날짜와 프로젝트 활동을 보여주는 막대 차트의 일종 막대로 활동뿐만 아니라 활동 사이의 종속성을 표시한다. 완료율은 자원할당처럼 막대 위에 표시 간트 차트는 선행활동, 후행활동, 마일스톤에 따라 작업을 수평적 타임라인으로 보여 주고 의존성도 표시함
파킨슨 법칙	모든 작업은 주어진 기간을 모두 사용 역설적으로 모든 작업은 빨리 끝낼 수 있어도 주어진 시간을 다 이용

CompTIA 영역 참조
- 2.4 WBS, 프로젝트 범위 및 자원 요구사항에 기반한 프로젝트 일정 개발
- 2.5 기대하는 산출물과 적합한 산출물의 창출을 위한 적정 도구와 기법의 적용
- 2.6 제시된 상황에 대해 다음 도구 및 기법의 사용 결과 해석

2.4 원가 계획

원가 계획은 원가 관리 요소를 식별하고 각 활동 별로 원가를 추정하는 원가 산정 활동과 작업 패키지 별로 산정된 원가를 합산하여 원가 기준선을 설정하는 예산 확정 활동으로 이루어 진다.

또한, 승인된 예산 범위 내에서 프로젝트를 종료할 수 있도록 원가를 관리, 통제하는 활동을 포함한다.

Project+ 2.4.1 원가 관리 요소 식별

프로젝트 원가는 범위, 작업의 목록/자원할당 내역과 인력 투입계획을 기반으로 불확실성이 반영된 활동 별 원가로 산정한다. 예산 확정 단계에는 추정된 활동 별 원가에 일정을 조합하고 예비비를 포함시켜서 원가 기준선을 설정하고 자금 요구사항을 기반으로 최종 원가 기준선을 확정한다. 원가 통제 단계에는 계획 대비 실적을 측정하고 이를 주어진 예산 내에 완료할 수 있도록 관리한다.

원가 관리 계획은 프로젝트 생애 주기 동안 어떻게 원가를 관리할 것인가를 결정하는 것으로 프로젝트 활동을 완료하는데 필요한 예산 추정에서부터 관리 원가의 담당자 별 책임을 식별하고 주어진 시점의 프로젝트 관련 제반 정보를 기반으로 원가를 예측하기 위해 여러 가지 원가 산정 기법을 활용한다.

원가 관리 계획서에는 측정단위, 조직 절차 연계, 통제 한계선, 성과 측정 규칙, 보고 형식, 프로세스 설명 등의 내용을 포함한다.

이를 위해 필수적으로 고려해야 할 요소들과 원가 추정치를 합산하여 전체 프로젝트 비용을 추정할 수 있는 주요 도구와 기법들을 살펴보자.

비용추정기법	설명
유추산정 (Analogous estimating)	– 이전에 수행된 프로젝트 실제 비용을 향후 원가 산정이 근거로 사용하여 단시간 내에 원가 추정이 가능한 방법 – 프로젝트 초기와 같이 상세 정보가 제한적인 경우 모수를 산정하는데 주로 사용 – 다른 기법에 비해 시간과 비용이 적게 드는 대신 정확도가 높지 않고 개별 활동 원가 산정이 어려움

비용추정기법	설명
모수 산정 (Parametric estimating)	- 선례자료와 기타 변수 사이의 통계적 관계를 이용하여 원가, 예산, 기간 등의 활동 모수 산정치를 계산하는 방법 - 상향식 접근 방식을 가지고 있지만 유추 산정(Analogous estimating) 보다는 정확 - 활용된 기초자료의 정교성에 따라 결과 정확도가 의존
상향식 산정 (Bottom up estimating)	- 최하위 레벨의 작업들(Work package)의 필요 원가를 모두 추정한 후 이를 합산하여 상위레벨의 원가를 추정하는 방식 - 개별 활동 또는 작업 패키지의 규모와 복잡성에 따라 영향 받고 원가 산정에 시간이 많이 소요되지만 정확한 비용 산정 가능
전문가판단 (Expert judgment)	- 기존의 유사 프로젝트의 수행 또는 경험을 통한 하향식 산정 방법 - 인건비, 자재원가, 물가상승, 리스크 요인을 포함한 다양한 변수가 프로젝트에 영향을 미치게 되는 환경에서 이에 대한 경험 기반의 정보 제공하는 방법으로 세부 활동 별 개별 원가는 산정은 어려움
3점 추정 (Three-point estimate)	- 최빈치, 낙관치, 비관치를 이용한 프로그램 평가 및 검토 기법(PERT) 기반의 기법으로 산정의 불확실성과 위험을 고려한 기법 - 단일 지점 활동 원가 산정치의 정확도를 높일 수 있는 방법

[표 비용추정기법]

3점 산정으로 추정하는 활동기간 기대치는 각 활동에 낙관치(Optimistic), 비관치(pessimistic), 평균치(most likely)의 산정 값을 계산함으로 정확도를 높이고 위험을 고려하여 산정한다.

이 3개의 산정 값의 평균을 구하여 활동 기간을 산정한다.

$$평균 = \frac{(P + 4M + O)}{6} \qquad 표준편차 = \frac{(P - O)}{6}$$

- 낙관치(Optimistic, O) : 최상의 활동 시나리오 분석에 기초한 활동 원가
- 평균치(Most likely, M) : 기대 가능한 활동 원가, 보통으로 추정하는 원가
- 비관치(Pessimistic, P) : 의무적인 작업, 활동과 예상 비용에 대한 실제 업무 평가자료에 기초한 활동 원가

또한, 프로젝트의 불확실한 상황을 대처하기 위해 프로젝트 원가 산정에 일정 금액의 예비비(reserve)를 산정하게 되는데 이는 프로젝트 예산 초과를 대비하기 위해 할당한 여유분의 예산으로 우발사태 예비비(Contingency reserve)와 관리예비비(Management reserve)로 분류된다.

구분	설명	비상사태 예측
우발사태 예비비 (Contingency reserve)	– 프로젝트 예산에 포함 – 원가 베이스라인에 포함되고 프로젝트 관리자가 집행	식별된 위험 (Known risk)
관리예비비 (Management reserve)	– 프로젝트 예산에 포함되지 않으며 원가 베이스라인에 미포함 – 경영진이 집행	미 식별된 위험 (Unknowns risk)

프로젝트 원가 유형은 Labor, Equipment and material, Facilities 등의 카테고리로 구분하고 직접비(Direct costs)와 간접비(Indirect costs)로 청구되는데 직접비에는 컴퓨터, 네트워크 제반 장비 등과 프로젝트에 참여한 인적 자원 비용 등이 포함되며 간접비는 프로젝트 지원에 필요한 항목인 사무실 임대비용, 전기사용료 등이 포함된다.

할당된 예산을 사용하기 위해 프로젝트 범위에 정의되지 않은 불필요한 요구사항을 추가하는 것을 Gold plating 이라고 한다.

주요키워드

Key Terms	특징 및 설명
원가기준선 (Cost baseline)	예산 결정 활동에 의해 개별 활동 또는 작업 패키지 별로 산정된 원가를 합산하여 원가의 변경 통제 기준의 되는 원가 기준을 의미

CompTIA 영역 참조
- 2.11 원가 관리 계획의 요소 식별

2.5 품질 계획

품질관리는 프로젝트 수행 조직에서 프로젝트가 요구사항을 충족할 수 있도록 품질정책, 품질 목표, 품질 책임 사항을 결정하는 것으로 품질 계획 수립은 프로젝트 및 제품에 대한 품질요구사항 및 표준을 식별하고 어떻게 프로젝트에서 준수할지 입증하는 방법을 문서화하는 것이다.

품질 통계, 품질 검사 목록 및 종료기준도 품질 계획 프로세스에서 정의한다.

Project+ 2.5.1 품질 계획 수립

프로젝트에서 품질은 사후 검사가 아닌 먼저 계획되는 것으로 계획 단계에서 품질을 통제해야 한다.

품질은 사용자 관점에서는 사용적합성(fitness for use)으로, 생산자 관점에서는 규격일치성(conformance to specifications)으로 정의할 수 있다.

- 품질(Quality): 기본 특성 및 기능들이 요구사항을 충실히 이행하는 수준
- 등급(Grade): 기능적으로 동일한 용도로 사용되지만 기술적 특성은 다른 항목을 구별하는 데 사용되는 범주, 자재, 서비스, 제품에 부여된 순위

효율적인 품질 계획을 하기 위해서는 비용과 편익을 비교해야 한다. 비용 편익 분석(cost-benefit analysis)은 비용대비 효과를 극대화 할 수 있는 품질 활동을 기획하기 위한 분석방법이다. 프로젝트는 고객이 요구하는 것만을 고객에게 인도하기 위해 노력해야 한다.

구성 요소	특징 및 설명
비용	- 품질활동에 요구사항을 넘어서는 품질을 위한 비용이 필요하다면 그 품질활동은 수행하지 않는 것이 좋음
편익	- 품질 요구사항을 충족 시 재 작업 감소, 생산성 향상, 원가 절감, 이해관계자 만족도 증가의 편익 발생
gold plating	- 고객이 요구한 것 이상으로 원하지도 않고 필요로 하지 않은, 범위 이외의 기능이나 특성을 추가하여 비용과 일정을 초과하는 것

[표 비용과 편익]

품질비용(Cost of quality)이란? 품질 향상을 위해 수행하는 품질관리와 관련된 활동비용을 원가로 계산한 것으로 크게 두 종류로 나눌 수 있다.

예방비용과 평가비용을 높여서 실패비용을 줄이는 것이 목표이다. 요구된 품질을 실현하기 위한

원가로 품질비용은 아래와 같다.

구분	유형	내용	사례
적합 품질비용 (Cost of Conformance)	예방비용 (Prevention Costs)	결함 예방을 위한 비용	교육, 훈련, 문서화, 장비, 개선 일정
	평가비용 (Appraisal Costs)	제품 품질 확인/검증을 위한 비용	테스트, 검사, 파괴시험비용
부적합 품질비용 (Cost of Nonconformance)	내부실패비용 (Internal Failure Costs)	제품 인도 전 결함 수정 비용	재 작업, 스크랩(폐기처리)
	외부실패비용 (External Failure Costs)	고객에게 인도 후 제품이나 서비스를 수정하는데 드는 비용	법적 책임, 하자보수, 사업 손실

[표 품질비용]

벤치마킹(Benchmarking)은 유사 프로젝트와 비교하여 개선책을 구상하고 성과 측정의 기준을 제시하는 것으로 과거 프로젝트와 현재 프로젝트의 품질결과를 비교할 때 사용하는 기법이다.

품질 관리 계획에서 문서화 하는 품질 기준은 종료 기준(Exit criteria), 품질 점검목록(Quality checklists), 품질 지표(Quality metrics)이다.

품질 지표(Quality metrics)는 프로젝트 또는 제품의 속성으로 품질 통제 프로세스가 각 속성을 측정하는 기준이 된다. 예를 들면, 일정 준수성, 예산 통제, 결함 빈도, 실패율, 가용성, 신뢰성, 테스트 범위 등이 있다.

품질 관리 계획서(Quality management plan)는 프로젝트 관리 팀에서 수행 조직의 품질 정책을 구현하는 방법을 설명하는 것으로 프로젝트에 대한 품질 보증, 품질 통제, 지속적 프로세스 개선 방식을 포함한다.

주요키워드

Key Terms	특징 및 설명
6-시그마	백만 분의 3.4를 의미하는 통계척도인 6시그마(σ, sigma)를 사용하여 품질혁신과 고객만족을 달성하고자 하는 업무 프로세스 혁신 전략 결함 발생률을 6시그마 수준으로 줄이는 것이 궁극적인 목표
CMMI	카네기 멜론 대학 소프트웨어 공학 연구소(SEI)가 개발한 여러 CMM모델을 포괄하는 능력 및 성숙도 에 대한 평가와 지속적인 품질 개선 모델, 시스템 공학의 역량 성숙도를 평가하는 모델

CompTIA 영역 참조

- 2.10 품질 관리 계획서의 구성 요소 파악

2.6 자원 계획

자원 계획은 프로젝트에 필요한 자원에 대한 소요 및 투입 일정 등에 대해 계획하는 활동으로 일반적으로 인적 자원(Human Resource), 장비(equipment)와 자재(materials)에 대한 소요와 투입 시기 등에 대한 것이다.

Project+ 2.6.1 프로젝트 팀 생성

프로젝트 팀은 프로젝트를 성공적으로 완료하기 위해 필요한 역할이 배정되고 책임을 가진 사람들로 구성된다. 인적 자원에 대한 관리는 프로젝트 수행 구성원들에 대한 계획 및 팀 구성, 팀 개발, 팀 관리로 이루어져 있다.

프로젝트 팀 구성을 위해서는 자원 요구 사항을 결정 하는데 팀 구성원 선정 후 착수 회의(kick off meeting) 시 역할과 책임을 명확히 하고 관리 프로세스와 의사소통 계획을 수립하기 위한 활동들이 필요하다.

특정 인적 자원이 프로젝트에 반드시 참여해야 하는 직접적인 조건인 경우 이들을 사전 배정(Pre-assignment)하고 이를 프로젝트 제안서나 프로젝트 헌장에 포함한다.

프로젝트 팀 개발 단계에서 팀 모델은 터크만(Tuckman)의 5단계 팀 개발 모델을 많이 활용한다.

단계	설명	필요사항
형성(Forming)	- 팀을 처음 구성하고 프로젝트에 대해 이해하게 되는 단계	팀 방향성 수립
스토밍(Storming)	- 프로젝트 팀에 갈등이 발생하게 되는 단계 - 프로젝트 작업의 완료를 위해 최적의 방법에 대해 논의하면서 갈등이 발생하는 시기	역할 명확화
표준화(Norming)	- 상호간의 신뢰가 형성되고 팀의 응집성과 프로젝트에 대한 책임감 공유가 고조되는 단계	업무 및 역할 몰입
수행(Performing)	- 서로를 잘 이해하고 프로젝트가 큰 갈등 없이 잘 진행되는 단계	수행관리 및 평가
해산(Adjourning)	- 프로젝트를 마무리하고 해산하게 되는 단계	작업완료 및 해산

[표 Tuckman의 5단계 팀 개발 모델]

WBS(Work Breakdown Structure)에서 정의된 작업을 기반으로 가용성(Resource availability)은 가용성 시간 테이블에 지정된 간격들에 의해 식별한다.

프로젝트 팀 구성(Team Composition)은 프로젝트를 실제 수행하는 팀원들에 대한 제반 사항을 정의하고 관리사항을 계획하기 위해 프로젝트 역할, 책임사항, 요구 역량, 보고 관계를 식별하여 문서화하고 실제 팀을 구성하는 활동이다.

팀 멤버 선택(Selecting team members)시 업무(Business)와 리더쉽, 기술적 요구사항 등이 프로젝트와 일치하는 경험과 기술을 가진 인적 자원을 선택하고 자원의 가용성과 업무 스타일, 성격 등을 고려해야 한다.

일반적으로 자원 할당 시 자원과 관련된 해당 관리자가 본인의 팀원 할당에 이의를 제기할 가능성이 있는 경우, 자원을 프로젝트 헌장(project charter)에 기재하여 프로젝트 진행을 원활하게 해야 한다.

인적 자원은 자원의 기능별, 유형별로 식별된 자원 계층 구조를 표현한 정형화된 구조도인 자원 분류 체계를 이용하여 관리한다. 자원 분류 체계(RBS : Resource Breakdown Structure)는 리소스의 타입과 유형별로 리소스의 계층적 구조로 표현하여 리소스의 책임 관계, 협조, 보고 관계, 수행 업무 내역, 연관관계, 책임과 담당자 등의 정보를 표기한다.

다음은 대표적인 자원 분류 체계인 책임 할당 매트릭스이다.

책임 할당 매트릭스(RAM : Responsibility Assignment Matrix)는 작업 분류 체계(WBS)와 조직 분류 체계(OBS)를 매트릭스 형태로 결합한 것으로 프로젝트 팀원이 작업 패키지 수행을 위해 책임을 배정 받은 작업 배정표이다. 작업 패키지(Work package)/ 활동(Activity)과 프로젝트 팀원과의 관계를 식별하여 팀원에게 수행해야 할 일을 배정한 것으로 역할과 책임을 명확하게 하기 위해 사용한다. 이를 통해 프로젝트의 모든 역할을 식별할 수 있고 프로젝트 작업에 책임을 할당하여 관리 가능하다.

Task	Programmer	Tester	Tech writer	DBA	Infrastructure
3.2.1	2	2	1	1	1
3.2.2	1	2	2	1	1

[Responsibility Assignment Matrix]

인적 자원에 대한 가용성을 정의하는 문서는 자원 일정표(Resource Calendar)이다.

Project+ 2.6.2 인적 자원 관리 계획

인적 자원 관리 계획은 프로젝트 역할, 필요한 역량 및 보고 관계를 식별하여 프로젝트 역할, 책임 사항, 조직도 및 직원 확보, 해제 시기 예정표 등을 포함한 직원 관리 계획서를 작성하는 활동이다.

또한 인적 자원에 대한 교육 필요성, 팀 구축 전략, 인정/보상에 대한 계획, 규정 등에 대한 내용들도 포함할 수 있다.

인적 자원 관리 계획서(Staffing management plan)는 Project Team resource를 언제, 어떻게 해제(Release) 하는 관리계획을 포함하는 문서이다.

포함내용	설명
역할 및 책임사항	– 성공적인 프로젝트 완료를 위해 필요한 역할과 책임사항을 나열하고 기술 ✓ 역할 : 개인에게 할당된 프로젝트 영역을 설명하고 역할에 관한 권한, 책임사항, 한계를 명백하게 하여 작성 ✓ 권한 : 프로젝트 자원을 투입하고 결정을 내리고, 승인서에 서명할 수 있는 권한 ✓ 책임사항 : 프로젝트 활동을 완료하기 위해 프로젝트 팀원이 수행하도록 기대 되는 작업 ✓ 역량 : 프로젝트 활동을 완료하기 위해 필요한 기량과 능력
프로젝트 조직도	– 프로젝트 팀원 사이에 보고 관계를 보여주는 도표로 프로젝트 팀의 조직도 보다 훨씬 자세하게 표현됨
인적 자원 관리 계획서	– 인적 자원 요구 사항의 충족 시기와 방법을 기술하고 지속적인 팀원의 개발 활동을 반영하는 계획서 – 직원 확보, 자원일정표, 직원해제계획, 교육, 보상/인정, 규정준수, 안전 등에 대한 사항 포함

[표 인적 자원 계획서 항목]

성장하기를 원하는 팀원의 욕구는 프로젝트 일정 준수에 필요한 요소이기 때문에 이러한 특성을 이용하여 프로젝트 관리자는 경험자와 비 경험자를 페어로 주공정경로에 투입하면 효과적인 성과를 얻을 수 있다.

프로젝트 관리자는 상황에 따라 적절한 권력을 사용해야 하는데 지위가 부여하는 권력은 양도 가능하고 개인의 고유 권력은 양도가 불가능하다.

프로젝트 관리자의 권력은 다음과 같다.

분류	종류	설명
역할이 부여하는 권력	Formal(legitimate) power	- 팀원에게 작업을 지시하거나 주요 사항에 대해 의사결정을 내릴 수 있는 권력
	Penalty(Coercive) power	- 팀원에게 불리한 불이익을 줄 수 있는 권한을 이용하여 팀을 관리하고 통제 할 수 있는 권력
	Reward power	- 팀원에게 보상(승진, 급여, 인센티브 등) 해 줄 수 있는 권력
개인의 고유 권력	Referent power	- 프로젝트 관리자가 가진 성품, 인격을 팀원들이 따르고 존경하는 데서 생겨나는 권력
	Expert power	- 주요 분야에서의 기술, 업종 등 전문성을 기반으로 발생하는 권력

[표 프로젝트 관리자의 권력]

> **CompTIA 영역 참조**
> - 2.9 WBS와 자원 가용성에 기반한 역할과 자원 요구사항 식별

2.7 의사소통 계획

의사소통 계획수립은 프로젝트 정보에 대한 이해관계자들의 요구사항을 식별하고 의사소통 방식을 결정하는 것이다.

Project+ 2.7.1 의사소통 계획 수립

의사소통 계획수립은 프로젝트 초기 계획단계에서 진행되는 프로세스로 프로젝트 정보전달을 위한 방법, 시기, 종류 및 정보제공자와 요구자를 결정하게 된다.

부적절한 의사소통은 프로젝트를 혼란에 빠트릴 수 있고 마비를 불러올 수 있다. 효과적인 의사소통은 올바른 방법과 절차로 적시에 정보를 제공하는 것을 의미하며, 효율적인 의사소통은 필요한 정보만을 제공하는 것을 의미한다.

프로젝트 의사소통에 대한 요구사항을 식별하기 위한 정보는 조직도, 프로젝트 조직, 이해관계자 책임관계, 전문분야, 부서 및 특수 분야, 프로젝트 관련 인원 수 및 장소에 대한 세부 계획, 내부 정보 요구사항, 외부 정보 요구사항 등이 있다.

시험에서도 자주 출제되는 경향이 있는 의사소통 채널수는 프로젝트 의사소통의 복잡성을 나타내는 척도를 나타낸다. N은 전체 이해관계자 수를 나타낸다.

$$의사소통\ 채널수 = \frac{N * (N - 1)}{2}$$

12명이 참석하는 프로젝트 상태회의에 참석하게 되었을 때 의사소통 채널수는 이해관계자가 12명이면 의사소통 채널수는 $\frac{12 * (12 - 1)}{2} = 66$ 이 된다.

프로젝트에서 의사소통 계획 시 의사소통 모델을 구성하는 요소노 고려해야 힌다. 제시하는 모델은 기본적인 의사소통 모델인 Sender-message-receiver 모델로써 송신자와 수신자의 책임을 알아야 한다.

송신자는 수신자가 올바로 이해할 수 있도록 메시지를 전달해야 하는 책임 이 있고 메시지가 명확하고 간결해야 하는 책임이 있다.
수신자는 올바르게 이해했음을 확인해 줘야 하는 책임이 있음을 보여준다.

의사소통에서 중요한 점은 상대방의 수준에 맞게 정보를 가공하여 표현하는 것이다.

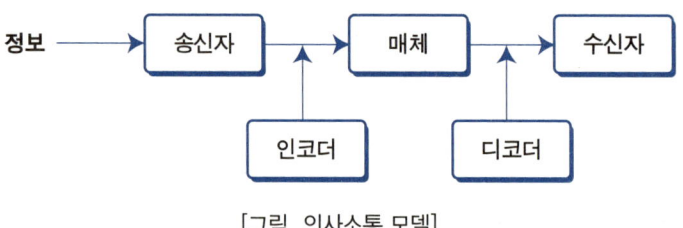

[그림 의사소통 모델]

기본적인 의사소통 모델의 구성요소는 아래와 같다.

요소	특징 및 설명
송신자(sender)	– 수신자에게 메시지를 보내는 사람 또는 그룹
인코더(encoder)	– 매체를 통해 이동하기 위해 메시지를 암호화
매체(medium)	– 메시지가 이동하는 경로
디코더(decoder)	– 전달된 메시지를 수신자가 이용할 수 있는 형태로 변환
수신자(receiver)	– 메시지를 받는 사람 또는 그룹

[표 의사소통 모델 구성요소]

의사소통 관리 계획서(Communication management plan)는 이해관계자의 의사소통 요구사항, 전달할 정보, 정보 배포 사유, 주기, 정보 전달 책임자, 의사소통 대상을 문서화하여 기술된다. 프로젝트 수행 도중 의사소통에 문제가 발생한다면 가장 먼저 확인해야 할 산출물이다.

주요키워드

Key Terms	특징 및 설명
이해관계자 등록부	식별된 이해관계자와 관련된 모든 정보를 문서화한 산출물

CompTIA 영역 참조
- 2.7 내 / 외부 의사소통 계획의 구성 요소 식별

2.8 위험 계획

 **2.8.1 리스크 관리 계획**

리스크 관리는 프로젝트에 대한 리스크 관리 활동의 수행 방법을 정의하는 프로세스로 리스크 관리의 수준, 유형 및 가시성이 조직에서의 프로젝트 중요성 및 리스크에 모두 적합한지 확인하는데 중요하다.

리스크 관리 활동에 충분한 자원과 시간을 투입하고 리스크 평가와 관련하여 합의된 기준을 설정하기 위한 중요한 활동이다.

리스크 관리에 대한 계획은 아래와 같은 절차로 수행된다.

절차	설명
리스크 식별 (Risk identification)	– 프로젝트에 영향을 미칠 수 있는 리스크를 결정하고 리스크별 특성을 문서화 하는 활동
리스크 분석 및 정량화 (Risk Analysis & Quantification)	– 리스크 발생 가능성에 기반한 범위, 일정, 비용 등에 영향도, 민감도 등의 수치
리스크 대응계획 (Risk Response Planning)	– 부정적인 위험의 영향을 경감하고자 하는 계획, 절차

[표 리스트 관리 계획 수립 절차]

리스크에는 한 가지 이상의 원인이 있으며 발생할 경우 프로젝트 성공에 부정적 또는 긍정적 영향을 미치게 된다. 이와 같이 프로젝트 성공에 직접적으로 영향을 미칠 수 있는 요소를 프로젝트의 3중 제약(Triple constraint, Iron triangle)이라고 한다.

	프로젝트의 철의 삼각(Iron triangle)은 일정(time), 원가(cost), 범위(scope)의 3면으로 된 삼각형이다. 프로젝트의 성공에 직접적인 영향을 미칠 수 있는 세가지 요소로 이루어진 세가지 요건 중 어느 한 가지라 변경될 경우 다른 요건이 영향을 받을 수 있어 세가지 제약 조건을 균형 있게 통합 관리 해야 한다. 지연된 일정을 회복하기 위해 추가 비용이 필요할 수 있다. 품질은 Iron triangle의 세가지 제약 사항에 포함되지 않는다.

[표 프로젝트 3중 제약]

식별되고 알려진 리스크는 대응계획을 수립하고 계획해야 하지만 알려지지 않은 특정 리스크는 프로젝트 우발사태 계획(Contingency plan)을 수립하여야 한다.

프로젝트의 리스크를 효과적으로 관리하고 수행 방법을 정의하는 리스크 관리 계획 단계에서는 리스크 관리 활동의 수행과 관련된 상위 수준의 계획을 수립한다.

리스크 범주별로 리스크 수준 및 리스크 유형별 확률, 목표, 영향력, 확률-영향 매트릭스 등이 리스크 관리 계획서에 작성된다.

리스크 관리 계획서에는 리스크를 수행하는데 필요한 방법론, 역할 및 책임 사항, 리스크 관리에 필요한 예산을 책정하고, 우발사태 예비비(Contingency reserve)를 정의한다. 또한 리스크 확률 및 영향을 정의하고 확률-영향 매트릭스를 작성하게 된다.

구분	Known Risk	Unknown Risk
예비비편성	우발사태 예비비(Contingency reserve)를 각 work package에 할당하여 관리	관리예비비(Management Reserve)로 프로젝트 외부 경영층이 별도 관리
예비비 계산	발생 가능성과 영향력의 기대값으로 산출	전체 예산의 일정 비율로 산정
대응 방안	대응 계획 수립하여 실행	Workaround로 수행
예비비 집행	원가 성과 기준선에 포함되어 프로젝트 관리자의 재량으로 집행	원가 성과 기준선에 포함되지 않으며 프로젝트 관리자의 권한으로 집행 불가능

[표 리스크 유형 비교]

리스크 관리 계획서 작성 후 이에 따라 프로젝트에 영향을 미칠 수 있는 리스크를 식별하고 문서화는 단계가 수행된다.

일반적으로 리스크 식별(Risk identification) 하기 위한 방법은 다음과 같다.

방법	설명
문서검토	계획서, 가정사항, 이전 관련 프로젝트 파일, 계약서 및 프로젝트 문서에 대한 검토 수행
정보 수집 기법	리스크 식별을 위해 브레인스토밍, 델파이 기법, 인터뷰, 근본 원인 분석 등의 기법을 활용
점검목록 분석	유사한 프로젝트나 기타 정보 출처에 축적된 선례 정보와 지식을 바탕으로 체크 리스트 작성 RBS 최하위 수준을 리스크 점검목록으로 사용 가능
가정사항 분석	식별된 모든 프로젝트 리스크는 일련의 가설, 시나리오 또는 가정 사항을 근거를 두고 구상/개발 가정사항의 타당성을 조사하고 가정사항의 부정확성, 불안정성, 불일치성 또는 불완전성으로 프로젝트 리스크 식별

방법	설명
도식화 기법	이시카와 도표와 같은 인과관계도, 시스템의 다양한 요소들이 상호 연계되는 방법을 표현한 시스템 또는 프로세스 흐름도, 문제 원인의 영향, 다양한 변수와 결과물의 관계를 보여주는 영향 관계도 등의 리스크 도식화 기법 사용
SWOT 분석	내부적으로 발생한 리스크를 포함시켜 식별된 리스크의 범위를 확장 할 수 있도록 SWOT 측면에서 프로젝트를 조사
전문가 판단	유사 프로젝트나 비즈니스 분야에 관련 경험을 가진 전문가가 직접 리스크를 식별하는 활동

[표 리스크 식별 방법]

리스크 식별 작업이 마무리 되면 리스크 등록부(Risk register)를 작성하게 된다. 리스크 등록부는 식별된 리스크를 상세하게 기술하는 것으로 리스크의 목록 및 원인, 가능한 대응책 목록 등이 작성된다.

Project+ 2.8.2 리스크 분석

리스크 식별이 마무리 된 후 리스크의 발생 확률과 영향을 평가하여 리스크의 우선순위를 지정하는 정성적 리스크 분석이 수행된다. 우선 순위가 높은 리스크에 집중하여 프로젝트 성과를 극대화하기 위한 전략이다. 정성적 리스크 분석은 리스크 대응 계획 수립을 위해 비용 효율이 높은 우선순위를 결정하기 위한 방법이며 정량적 리스크 분석을 위한 기반을 마련한다.

정성적 리스크 분석에는 다음과 같은 방법들이 많이 활용된다.

방법	설명
리스크 확률-영향 평가	특정 리스크별 발생 확률을 조사하고 일정, 원가, 품질 또는 성과 등의 프로젝트 목표에 대한 잠재적 영향을 조사
확률-영향 평가 매트릭스	리스크 등급에 따라 추가 정량적 분석 및 대응 우선순위 리스크 등급을 설정하여 관리
	각 리스크의 중요도 및 그에 따른 우선 순위 평가엔 확률-영향 매트릭스를 사용
리스크 자료 품질 평가	리스크 관련 자료가 리스크 관리에 유용한 정도를 평가하는 기법으로 리스크가 이해되는 정도, 리스크 관련 자료의 정확성, 수준, 신뢰성, 무결성을 조사 하는 작업이 포함
리스크 범주 분류	프로젝트 리스크를 리스크 원인, 영향 받는 프로젝트 영역, 또는 유용한 범주 별로 분류하여 불확실성의 영향을 가장 크게 받는 프로젝트 영역을 결정

방법	설명
리스크 긴급성 평가	우선 순위 지표를 이용하여 리스크 대응이 영향을 미치는 시간,징후,경고 신호, 리스크 등급 등으로 리스크 심각도 등급을 제시
전문가 판단	각 리스크의 확률 및 영향을 평가하여 표시된 매트릭스에서 해당 위치를 결정하는 데 전문가 판단이 필요

[표 정성적 리스크 분석]

확률-영향 매트릭스에서 리스크 우선 순위 등급을 낮음, 보통, 높음으로 분류하는 확률-영향 조합을 지정하고 각 목표에 대한 개별적인 리스크 등급을 지정한다. 또는 전체적인 프로젝트 등급 지정 방식을 개발하여 다른 목표 대비 일정한 목표에 대한 조직의 선호도를 반영하고 평가되는 리스크 가중치를 산정하게 된다.

정성적 리스크 분석이 완료되면 우선순위가 정해진 리스크에 대해 전체 프로젝트 목표에 미치는 영향을 수치로 분석하는 정량적 리스크 분석이 수행된다.

정량적 리스크 분석 방법은 다음과 같다.

방법	설명
인터뷰	프로젝트 목표에 미치는 리스크의 확률 및 영향을 수량으로 환산하기 위해 경험 및 선례 자료 이용
확률분포	일정 활동 기간 및 프로젝트 구성요소의 원가 등의 값에서 불확실성을 표현 이산 분포는 의사 결정 트리와 같은 시험 또는 가능한 시나리오의 결과와 같이 불확실한 사건을 보여 주는데 사용
민감도 분석	모든 불확실한 요소를 기준값으로 놓고 각 프로젝트 요소의 불확실성이 검토 대상 목표에 미칠 영향력을 평가 하는 방법
EMV 분석	EMV 분석은 향후 발행할지 여부를 알 수 없는 시나리오가 수반될 때 평균적인 결과를 산출하는 통계 기회에 대한 EMV는 양수 값으로 리스크에 대한 EMV는 음수 값으로 표시 EMV는 리스크를 회피하지도 추구하지도 않는 리스크 중립의 가정을 요구
모델링 및 시뮬레이션	상세 수준에서 지정된 프로젝트 불확실성을 프로젝트 목표에 대한 잠재적 영향으로 환산하는 모델 사용 일반적으로 몬테카를로 기법을 사용하여 반복 시뮬레이션을 수행

[표 정량적 리스크 분석]

2.8.3 리스크 대응 계획

리스크 대응 계획 수립은 정성적, 정량적 리스크 분석 다음 단계에 수행 되는 활동으로 프로젝트 목표 달성을 위한 위협을 줄이고 기회는 증대 시키기 위한 대안과 조치 방안에 대해 계획하고 개발하는 단계이다.

리스크 대응은 리스크 중요도에 따라 적절하고 비용 효율적인 면에서도 타당성이 있어야 하며 관련 이해 관계자들의 동의와 책임자 배정을 요구한다.

부정적 리스크에 대응하기 위한 방안은 다음과 같다(ATNA라고 암기).

방법	설명
회피(Avoid)	리스크를 완전히 제거하기 위해 프로젝트 관리 계획서를 변경하는 방법 프로젝트의 목표를 리스크의 영향권에서 고립시키거나 목표를 변경할 수 있는 방법 예를 들면, 일정연기, 전략 변경, 범위 축소 등 조치
전가(Transfer)	리스크로 인한 영향력 및 대응의 주체를 제3자에게 이동 단순히 책임을 넘기는 것일 뿐 리스크를 제거하는 것은 아님 리스크에 대한 책임 전가는 재정적인 리스크 노출을 다루는데 가장 효과적 전가 도구는 보험 활용, 이행 보증, 각종 보증 및 보장 등
완화(Mitigate)	수용 가능한 한계선까지 리스크의 발생 가능성과 목표에 미치는 영향의 수준을 낮추는 방법 예를 들면 프로젝트 초기 조치나 많은 테스트 수행, 단순한 프로세스 선택 등
수용 (Acceptance)	적절한 대응 전략을 수립할 수 없는 경우 채택되는 방법으로 수동적 수용과 능동적 수용이 있음 √ 수동적 수용(Passive acceptance) : 전략을 문서화하는 일 외에 어떠한 조치도 필요하지 않으며 발생한 리스크는 프로젝트 팀에서 처리 하도록 하는 방법 √ 능동적 수용(Active acceptance) : 리스크를 처리할 시간, 자본 또는 자원을 포함하여 적극적으로 우발사태 예비를 구축하는 방법

[표 부정적 리스크 대응계획]

긍정적 리스크에 대응하기 위한 방안은 다음과 같다.

방법	설명
활용(Exploit)	기회 실현을 위해 긍정적 영향을 갖는 리스크에 대해 선택할 수 있는 전략으로 처음 계획한 것보다 낮은 원가를 제공하거나 완료 시간을 단축하기 위해 유능한 자원을 할당하는 조치 포함
공유(Share)	프로젝트에 유익할 기회를 가장 잘 포착할 수 있는 제3자에게 기회 소유권 또는 전부를 공유하는 일이 수반하는 방법

방법	설명
강화(Enhance)	기회의 확률 및 긍정적 영향을 증가 시키기 위한 전략으로 긍정적 영향을 미치는 리스크의 주요 요인을 식별하여 극대화 하기 위한 전략
수용(Acceptance)	기회 수용은 수반된다면 활용은 하지만 적극적으로 추구 하지는 않은 방법

[표 긍정적 리스크 대응계획]

해당 리스크가 발생하려 하거나 발생한 경우 리스크 대처 방안을 구술적으로 표현한 시나리오를 비상 대응 전략(Contingency plan)이라고 하고 이는 리스크 징후(Risk trigger)를 파악하여 징후가 나타났을 경우 실행한다.

리스크 대응 계획은 선정한 대응 전략이 비효과적인 것으로 평가되거나 수용했던 리스크가 발생하는 경우 사용할 대처 계획인 예비 계획(Fallback plan)과 계획된 대응 방안 수립된 이후에도 남아있는 잔여 리스크(Residual Risk) 및 리스크 대응 방안의 실행 결과로 인해 발생하는 제2의 리스크(Secondary Risk)에 대한 관리도 포함한다.

> **CompTIA 영역 참조**
> - 2.8 위험 관리 계획요소 서술
> - 4.2 3중 제약 조건에 대한 잠재적 변경의 영향 평가
> - 4.3 위험관리 계획서를 이용하여 잠재적인 위험 기회에 대해 적절한 대응책 결정

2.9 조달 계획

조달(Procurement)은 프로젝트 작업 수행에 필요한 제품, 서비스 또는 결과물을 프로젝트 팀 외부로부터 구매하거나 획득하기 위한 것이다. 따라서, 공급자로부터 구매하기 위해서 계약서를 작성하고 관리하기 위해 필요한 계약 관리 및 변경 통제 프로세스가 포함된다.

Project+ 2.9.1 조달 계획 수립

조달 계획 수립은 프로젝트 구매 결정사항을 문서화하고, 조달 방식을 규정하며, 잠재적인 공급자를 식별하는 프로세스이다. 자체 개발할지 외부에서 조달할지를 결정하고 조달할 대상 및 방법, 필요량, 필요시기 등을 결정하고 계약유형을 결정하는 것도 이 프로세스에 포함된다.

계약유형은 크게 3가지로 분류할 수 있는데 고정가(FP) 계약, 원가정산 계약, 시간자재(T&M) 계약이 있다. 계약유형에 따라서 구매자와 공급자 사이에 리스크가 결정된다. 일반적으로 구매자가 선호하는 방식은 고정가 유형이고 공급자는 원가정산 유형을 선호하게 된다. 다시 말해 구매자가 위험을 감수해야 하는 계약은 원가정산 유형이며 공급자(수주자)가 위험을 감수해야 하는 계약은 고정가 유형이다.

고정가(FP, Fixed Price)계약이란? 확정된 고정가 총액을 정하는 계약으로 반드시 공급자가 제공해야 하는 제품 또는 서비스를 명확하게 정의해야 한다.

- 확정고정가(FFP, Firm Fixed Price) 계약
    - √ 상품 가격이 착수 단계에서 설정되어 작업 범위가 변경되지 않는 한 고정
- 성과급가산고정가(FPIF, Fixed Price Incentive Fee) 계약
    - √ 합의된 지표 달성과 연관된 금전적인 성과급을 지불
- 가격조정조건부-고정가(FP-EPA, Fixed Price with Economic Price Adjustment) 계약
    - √ 고정가 계약이지만 인플레이션 변동 또는 특정 상품의 원가 상승(또는 하락)등에 따라 계약가에 사전 정의된 최종 조정을 허용하는 특별 조항이 추가

원가정산(Cost Reimbursable) 계약이란? 공급자에게 실제 투입비용 외에 일정한 이윤을 보장하는 계약이다.

- 고정수수료가산원가(CPFF, Cost Plus Fixed Fee) 계약

✓ 공급자가 계약 작업을 수행하기 위해 허용되는 모든 비용과 프로젝트 초기 산정 원가의 백분율로 계산된 수수료를 지불
- 성과급가산원가(CPIF, Cost Plus Incentive Fee) 계약
  ✓ 공급자가 계약 작업을 수행하기 위해 허용되는 모든 비용과 계약에 명시된 대로 일정한 성과 목표를 달성할 경우에 대해 사전 결정된 성과급을 지불
- 보상금가산원가(CPAF, Cost Plus Award Fee) 계약
  ✓ 수수료는 계약서에 명시된 일정한 수준의 주관적 성과 기준을 충족시켰을 때 지불

시간자재(T&M, Time and Material) 계약이란? 고정가 계약과 원가정산계약 두 가지 모두 포함하는 복합형 계약이다.

계약 당시 전체 계약금액이 미정인 상태인 것은 원가정산계약과 비슷하지만 무제한 원가 상승을 방지하기 위해 상한값과 시간 한도를 지정해 놓을 것을 요구한다. 또한, 단위가격(예를 들어 단위 인건비 또는 자재 단가)이 확정되어 있는 것은 고정가 계약과 유사하다.

어떤 업체가 시간자재계약을 희망할 때 NTE(Not-To-Exceed)조항이 포함되어야 수용할 수 있다.

구분	계약유형	지불금액	적용	유의사항
고정가 계약	FFP	- 확정금액	- 공급자 위험부담이 클 때	- 명확한 업무정의
	FPIF	- 확정금액+인센티브	- 초과 달성하면 인센티브	- 명확한 업무정의
	FP-EPA	- 확정금액+물가변동, 환율변동	- 다년간 계약 시	- 외부리스크(물가, 환율) 관리
원가정산 계약	CPFF	- 모든 비용+확정이윤 (원가백분율)	- 업무범위가 명확하지 않을 때	- 공급자의 청구서, 작업 진척관리
	CPIF	- 모든 비용+확정이윤+인센티브	- 업무범위가 명확하지 않을 때	- 원가절감 시 이익 공유
	CPAF	- 발생원가+수수료(수요자평가)	- 수수료는 구매자가 평가	- 구매자의 주관적인 판단이며 공급자의 항의 대상이 안됨
복합형	T&M	- 단가 X 투입시간 - 단가 X 투입개수	- 고정가와 원가정산 계약의 혼합	- 공급자 작업진척관리

[표 계약유형 비교]

조달 계획 수립을 통해서 작성되는 조달 관리 계획서는 조달 문서 개발부터 계약 종결에 이르는 조달 프로세스를 관리하는 방법을 기술, 계약 유형, 리스크 관리 이슈, 표준화된 조달 문서 등이 포함된다. 내부 제작을 할지 외부 조달을 할지 여부에 대해서 결정된 사항을 명시해야 한다.

조달 문서는 공급자에게 제안서를 의뢰하기 위해 사용되는 문서로 정보요청서, 견적요청서, 제안요청서, 입찰초청서 등이 포함된다.

항목	특징 및 설명
정보요청서 (RFI, Request For Information)	- 조달 문서의 일종으로 구매자가 선정 가능성이 있는 공급자에게 제품이나 서비스, 공급자의 수용 능력에 관한 다양한 정보를 제공할 것을 요청하는 데 사용하는 서식 - RFI는 RFP와 RFQ를 발송하기 전에 사용
견적요청서 (RFQ, Request For Quote)	- 조달 문서의 일종으로 일반 또는 표준 제품이나 서비스의 유력한 공급자에게 가격 견적서를 요청하는 데 사용하는 서식 - 때로는 제안 요청서 대신 사용되기도 함
제안요청서 (RFP, Request For Proposal)	- 조달 문서의 일종으로 제품이나 서비스의 유력한 공급자에게 제안을 요청하는 데 사용하는 서식
입찰초청서 (IFB, Invitation For Bid)	- 일반적으로는 제안 요청서와 동일하지만 일부 응용 분야에서는 보다 협의적 또는 한정적인 의미를 가짐

[표 조달문서 유형]

주요키워드

Key Terms	특징 및 설명
계약서 (Contract)	공급자는 지정된 제품, 서비스 또는 결과를 제공할 의무가 있고, 구매자는 그에 대한 대가를 지불할 의무가 있음에 동의하는 상호 협정 프로젝트 산출물 리뷰가 최종 완료되고 다음 단계를 결정할 때도 계약서가 참조됨
계약작업기술서	Contract Statement of Work (SOW) 계약에 따라 제공될 제품, 서비스 또는 결과에 대한 구체적으로 설명된 문서
지적재산권	Intellectual Property Right 인간의 정신적인 창작활동의 소산에 대한 재산권을 말하며, 발명ㆍ상표ㆍ디자인 등외 산업재산권과 문학ㆍ음악ㆍ미술 작품 등에 관한 저작권의 총칭

(CompTIA 영역 참조)
- 2.12 주어진 환경에 따른 조달 프로세스 설명

제3장 프로젝트 실행 및 인도

● **주요내용**

제3장 프로젝트 실행 및 인도는 프로젝트 관리 계획서에 따라 실제 활동을 실행하는 프로세스 단계입니다.

1. 실행 및 인도 단계는 프로젝트 관리 생명주기(Life Cycle)의 세번째 단계입니다.

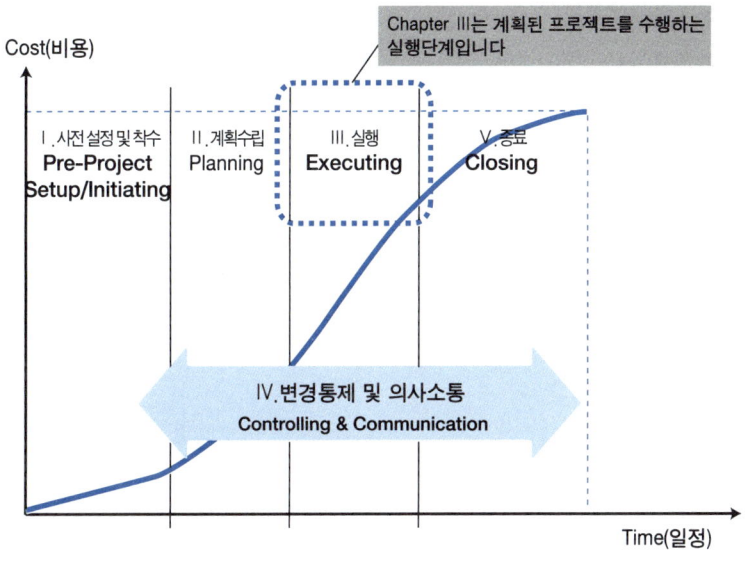

[그림 프로젝트 관리 실행 및 인도 단계]

- 프로젝트가 수행되는 동안에 각 활동들의 변경 및 베이스라인이 수정되어 재적용 될 수 있음

2. 프로젝트 실행 및 인도 단계는 다음 5가지 유형이 있습니다.

프로세스	특징 및 설명
통합 관리 실행	프로젝트 관리 계획서를 바탕으로 활동들을 실행하고 체계적인 관리 수행
품질 실행	품질을 준수하기 위한 활동을 수행하고 있음을 확신시키고 감시 수행
자원 실행	투입입력을 획득하여 팀을 조직하고 팀 내 갈등을 관리하는 활동 수행
의사소통 실행	이해관계자에게 정보를 배포하고 기대치를 관리하는 활동 수행

프로세스	특징 및 설명
조달 실행	공급자를 모집하고 선정하여 계약을 체결하는 활동 수행

[표 실행 및 인도 프로세스]

학습목표

이 장을 학습하시면 CompTIA Project+ 시험 대비 및 실무에 대해 아래 지식을 습득하게 됩니다.

- 프로젝트 통합 관리 실행
- 품질 보증
- 프로젝트 팀 획득 및 팀 관리
- 정보 배포 및 이해관계자의 기대치 관리
- 공급자 선정

3.1 통합 관리 실행

프로젝트 통합관리 실행은 프로젝트 관리 계획서를 바탕으로 Activity를 실행하고, 이 작업들의 체계적인 관리를 수행하는 활동이다. 예를 들면, 실행단계의 프로젝트 관리자는 계획된 예산과 실제 소요된 비용을 비교하는 활동을 수행하여야 한다.

Project+ 3.1.1 프로젝트 관리 실행

프로젝트 관리 계획서를 개발하고, 프로젝트 변경관리를 위한 필요한 공식적인 주요한 승인 프로세스는 다음과 같다.

1단계는 변경 요청(Change Request)이 입력되고, 변경여부의 적합성을 판단하기 위하여, CRB(Change Review Board)에서 변경통제회의(Change Control Meeting)를 수행하여, 변경관리 수행 여부를 판단한다. 변경통제회의에서는 아래의 필요한 양식(CR)과 적용 소요시간을 같이 종합적으로 판단한다. 마지막으로 변경요청 상태를 갱신하는 작업을 수행함으로써, 변경관리 프로세스는 종료된다.

변경관리 요청서 양식은 프로젝트 명을 포함한 변경에 필요한 투입 자원, 소요 시간, 작업 완료 일자 등의 항목이 입력한다.

변경요청의 절차는 공식적인 변경회의를 통해서 수행되는데, 앞에서 언급한 CRB, 변경통제위원회(CCB, Change Control Board), 형상통제위원회(Configuration Control Board)를 통해 변경승인이 되며, 문서 형상의 식별, 통제, 기록, 감사의 절차를 수행하게 된다.

> **CompTIA 영역 참조**
> - 2.3 프로젝트 변경관리를 위한 프로세스 서술
> - 3.3 프로젝트 실행에 대한 조직 전반의 영향과 목적 식별

3.2 품질 실행

프로젝트가 품질 요구사항을 만족시키기 위해 필요한 모든 프로세스를 수행할 것임을 고객에게 확신시키는 것이고 확인하기 위해 감사(audit)하는 프로세스이다.

3.2.1 품질 보증

품질 보증(Quality Assurance)은 품질 요구사항과 품질 통제의 측정 결과를 감시하면서, 해당하는 품질 표준과 운영상 정의를 사용하고 있는지 확인하는 것이다.

Prevention은 프로젝트를 수행하기 전에 에러를 예방하는 프로세스이고, Inspection은 고객이 수행하기 전에 에러를 예방하는 프로세스이다.

품질 감사(Audit)는 프로젝트 활동이 조직의 정책, 프로세스 및 절차를 준수하는지 판결하기 위해 수행하는 체계적이고 독립적인 검토 활동이다.

업무 성과 모니터링은 프로젝트 활동을 지속적으로 모니터링 하여 프로젝트 관리 계획서 및 프로젝트 성과 기준선을 준수하는지 확인하는 것이다.

프로젝트 품질 관리를 위해 모니터링 대상이 되는 업무 성과 요소에는 범위/원가/시간에 대한 각 기준선(baseline)들이다. 업무 성과의 분석은 기준선과 실제 결과를 비교하는 것이다.

요소	특징 및 설명
범위 기준선 (scope baseline)	- 프로젝트 범위 기술서, 작업분류체계(WBS) 및 WBS 사전
원가 기준선 (cost baseline)	- 승인된 모든 예산, 예비비는 원가 기준선에 포함하지는 않지만 프로젝트 전체 예산에는 포함되기도 함
일정 기준선 (schedule baseline)	- 기준선 개시일과 종료일을 포함하는 프로젝트 일정

[표 품질관리를 위한 기준선]

프로젝트에서 변경요청을 해야 하는 수준인지 프로젝트 관리 계획을 변경해야 하는 수준인지 결정하기 위해서는 먼저 차이를 식별해야 한다.

요소	특징 및 설명
범위 차이 식별	– 계획 대비 실제 기술 성과, 범위 성과 측정치를 사용하여 초기 범위기준선으로부터 차이를 식별
원가 차이 식별	– 원가차이(CV), 원가성과지수(CPI)를 사용하여 초기 일정기준선으로부터 차이를 식별
일정 차이 식별	– 일정차이(SV), 일정성과지수(SPI)를 사용하여 초기 일정기준선으로부터 차이를 식별

[표 차이 식별 유형]

성과 분석의 결과로 프로젝트 관리 계획서의 범위 기준선, 원가 기준선, 일정 기준선 또는 기타 구성요소에 대한 프로젝트 관리 계획의 변경이 발생할 수 있다. 변경요청은 시정조치, 예방조치 및 결함 수정이 포함될 수 있다. 시정 조치 및 예방 조치는 프로젝트 기준선에 영향을 주지 않고 기준선 대비 성과에만 영향을 미친다.

승인된 변경에 대해 적절한 수행을 검증하기 위해서는 품질 통제(quality control) 프로세스에서 수행된다.

요소	특징 및 설명
시정 조치 (Corrective action)	– 프로젝트 작업의 향후 예상 성과를 프로젝트 관리 계획서 수준으로 달성하기 위해 필요한 작업을 수행
예방 조치 (Preventive action)	– 프로젝트 위험에 부정적 결과가 발생할 확률을 줄일 수 있는 활동을 수행
결함 수정 (Defect repair)	– 계획 결함 구성요소의 수정 또는 완전 교체를 수행

[표 변경요청 조치유형]

CompTIA 영역 참조
- 4.5 프로젝트 산출물의 품질을 보장하기 위한 적합한 절차 설명

3.3 자원 실행

3.3.1 프로젝트 팀 획득

프로젝트에서 직원의 배정은 필요한 시기에 적절한 역량을 갖춘 인적 자원을 투입하여 책임을 완수할 때까지 프로젝트 팀원들의 참여, 가능성, 의지, 권한이 되도록 기능 관리자(Functional Manager)와 협상(Negotiating skill)이 필요하다. 또한, 전문성이 높은 기술이나 희소성 있는 인적 자원을 배정하기 위해 수행 조직 내의 다른 프로젝트 관리 팀 또는 외부 조직, 업체, 공급업체, 계약 업체 등과 협상해야 한다.

프로젝트 팀원이 사전 배정(Pre-assignment)을 통해 미리 선정되는 경우 일반적으로 프로젝트 헌장에 정의하게 된다.

프로젝트 조직도는 계층 구조형 도표나 매트릭스 형태, 텍스트형 역할표 등을 활용하여 표현되고 대표적인 매트릭스형 도표는 RACI 차트이다.

* RACI(Responsible:수행담당, Accountable:총괄책임, Consult:자문, Inform:정보통지)

RACI Chart	Person				
Activity	Alex	Jess	Melissa	Jason	sally
Define	R	R	I	I	I
Design	C	A	R	C	C
Develop	C	A	R	R	C
Test	A	I	I	L	I

(R : Responsibility, A : Accountable, C : Consult, I : Inform)

3.3.2 프로젝트 팀 관리

프로젝트 수행 중 성과를 극대화하기 위해 팀원의 성과를 관리하고 추적하여 피드백을 제공, 팀 내에서 발생한 이슈를 해결하고 변경관리를 위한 활동이 수행한다.

프로젝트 수행 시 발생하는 갈등에 대해 효과적으로 해결하기 위한 갈등 관리(Conflict management)는 다양한 갈등의 원인을 파악하고 해결하기 위한 활동이다. 갈등의 원인은 자원의 희소성, 일정에 대한 우선순위, 개인의 작업 스타일 등이 있다.

프로젝트 팀의 기본 규칙이나 규범, 표준 및 의사소통 계획 수립 및 명확한 역할 정의를 통해 갈등을 줄일 수 있다. 프로젝트 팀원 간의 견해 차이는 적절하게 관리를 한다면 의사 결정 효율을 높이거나 좋은 방향의 결과를 얻을 수 있는 요인이 되지만 견해 차이로 인한 갈등이 고조되는 경우 프로젝트에 좋지 않은 영향을 미칠 수 있기 때문에 반드시 적절하게 관리 되어야 한다.

갈등 해결 방법에 영향을 미치는 요소는 갈등의 중요성과 강도, 갈등과 관련된 이해관계자의 직위, 갈등을 해결하려는 동기 부여 및 갈등 해결의 시간적 여유 등으로 우선순위가 결정된다.
갈등 해결을 위한 방법은 다음과 같다.

기법	설명
문제해결/직면(Problem Solving/confronting)	상호 만족하는 최선의 해결책(win-win) 상호 간의 납득할 만한 해결책을 찾아 내는 것
원만한 해결 (Smoothing)	차이를 보이는 영역 보다 일치 영역을 강조하여 갈등을 해결하는 방법
강요(Forcing)	한 사람의 견해만을 관찰하고 다른 사람의 견해는 무시하고 원-루즈 해결책만을 제시하는 방법
타협(Compromising)	모든 관련 이해 당사자가 만족하는 수준으로 해결책을 모색하는 방법
협력(Collaborating)	여러 관점으로부터 다양한 통찰력과 견해를 통합하여 합의와 수용을 유도하는 방법
회피/연기(Avoiding/Withdrawing)	실제 또는 잠재적인 갈등 사항에서 더 이상 해결하려고 시도하지 않고 회피하는 방법

[표 갈등 해결 기법]

만약 프로젝트 수행 시 팀원끼리 이슈로 인해 갈등이 발생한 경우 프로젝트 관리자가 중재를 하고 서로의 차이를 축소하고 의사소통을 강조하면서 팀을 진정시키는 경우는 원만한 해결(Smoothing) 방법으로 갈등을 해결한 사례로 볼 수 있다.

인적 자원에 대한 효과적 관리를 위해 인간의 심리와 관련된 동기 부여 이론들을 참조한다.

프로젝트 수행단계에서 인적자원에 대한 동기 부여 이론에는 대표적으로 매슬로우의 욕구 5단계, 맥그리거의 X, Y 이론, 허즈버그의 2요인(Two Factor Theory) 이론 등이 있다.

매슬로우의 욕구 5단계 이론은 인간의 본성에 대해 중요한 순서에 따라 욕구를 5단계로 분류하고 하나의 욕구가 만족되면 다음 단계의 욕구가 나타나 충족을 요구한다는 욕구이론을 제시하였다.

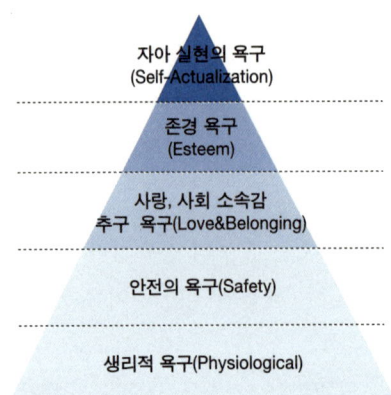

단계	욕구이론	설명
1단계	생리적 욕구(Physiological Needs)	의식주에 대한 욕구
2단계	안전의 욕구(Satiety Needs)	신체적, 감정적 안전에 대한 욕구
3단계	소속감과 애정 욕구(Belongingness and Love Needs)	사회적, 인정받고 싶은 욕구
4단계	존경 욕구(Esteem Needs)	자기만족, 내적/외적 성취감의 욕구
5단계	자아실현의 욕구(Self-Actualization)	자기발전, 자기완성에 대한 욕구

허즈버그의 2요인 이론(Tow factor theory)은 개인의 동기에 영향을 주는 요인을 두 가지 부류로 나누고 상호 독립적인 방식으로 인간의 행동에 영향을 미친다고 주장했다. 즉 위생요인이 만족되었다고 해서 동기요인이 유발되지는 않는다는 이론이다. 직무만족에 영향을 주는 요인을 동기요인(Motivating agent)이라고 하고 직무불만족에 영향을 주는 요인을 위생요인(Hygiene factor)라 하였다. 동기요인은 성취감, 안정감, 책임감, 도전감, 성장 등과 같이 성과를 높여주는 것들이고 위생요인은 작업조건, 보수, 개인생활, 보안 등과 같이 개인의 불만족을 방지해 주는 요인들이다.

맥그리거(Douglas McGregors) X이론과 Y이론은 인간 본성에 대한 부정적인 관점을 X이론이라 하고 성선설 기반의 긍정적인 관점을 Y이론이라 한다. X이론에서는 작업자는 본연적으로 일을 열심히 하려고 하는 성취감이 부족하고 안정성을 추구하고자 하고 야심을 보이지 않는다고 한다. Y이론에서의 작업자는 자신의 주어진 목표 달성을 위해 스스로 지시하고 통제하며 관리해 나가고 스스로 책임지려 한다고 주장한다.

Z 이론(Theory Z)은 미국의 윌리엄 오치 교수가 제창한 조직이론으로 일본의 조직(J 타입)은 조직 고용, 느린 인사 고과와 승진, 비 전문적인 승진 코스, 비 명시적 관리 도구, 집단에 의한 의사결정, 집단책임 등의 특색을 가지고 있는 반면 미국의 조직(A타입)은 단기 고용, 빠른 인사고과와 승진, 전문화된 승진코스, 명시적 관리 도구, 개인에 의한 의사결정, 개인 책임 등 일본의 조직 유형과는 차이를 보인다.

미국에서 성공하고 있는 기업은 이러한 J타입과 A타입을 적절하게 조화시킨 특색을 기반으로 Z 타입을 만들어서 상호 신뢰와 협력을 주축으로 집단적 경영을 한다. 이를 Z이론이라 한다.

이를 위해 장기 계획, 협력적 인간관계를 형성하고 장기 고용, 근면 중시의 인사고과, 느린 승진 제도 정기 이동, 비전문적 경력, 집단 의사결정, 명시적 관리 시스템, 개인 책임 등에 대한 체계가 필요하다.

데이비드 맥클랜드(McClelland)가 제시한 동기 유발의 세가지 욕구에 관한 성취 동기 이론은 인간에 대한 이론으로 모든 사람은 성취, 결연, 권력과 같은 중요한 욕구를 가지고 욕구는 개인적인 성향에 바탕을 두며 환경과 상호 작용하면서 개발 된다는 이론이다.

맥클랜드에 따른 인간의 욕구의 종류는 성취, 결연, 권력으로 구분된다.

종류	설명
성취(Achievement)	효과적으로 어떤 목표나 과업을 성취하려는 개인의 욕망으로 성취 동기가 높은 사람은 목표를 정하고 달성하기 위해 최선을 다함 이런 사람들은 성공에 대한 보상 보다는 일 자체의 성공을 즐기며 더 가치를 둠
결연(Affiliation)	다른 사람으로부터 인정을 받고 친밀감을 유지하기를 바라므로 사람의 감정에 많은 관심이 있고 강력히 제휴하고 교제를 원하는 사람들에게 쉽게 동조 커뮤니케이션이 높고 집단적 과업에 유리
권력(Power)	다른 사람에게 영향을 입히고 자원과 정보를 포함하여 어떤 환경을 통제하려는 욕망을 의미 책임을 선호하고 경쟁적이고 신분 지향적 성향이 높다고 평가

[표 맥클랜드의 인간 욕구의 종류]

주요키워드

Key Terms	특징 및 설명
프로젝트 일정표 (Project Calendar)	일정 활동을 수행하는 날짜를 지정하는 근무일 또는 교대 근무 일정과 활동 중단일을 지정하는 휴무일을 보여주는 달력으로 일반적으로 공휴일, 주말, 근무시간, 교대 시간 등이 정의됨
기능관리자 (Functional Manager)	기증 조직 내부의 단위 그룹에 대한 관리 권한을 가지는 사람으로 실제 제품이나 서비스를 제공하는 그룹의 관리자

CompTIA 영역 참조
- 3.1 성과의 극대화 위한 인적 자원 조정

3.4 의사소통 실행

식별된 이해관계자에게 관련 정보를 배포하여 계획대로 사용할 수 있도록 하고 이슈해결을 위해서 이해관계자의 기대사항을 관리하는 것이 의사소통 실행이다.

Project+ 3.4.1 정보 배포

정보 배포는 프로젝트 기간 동안 이해관계자가 필요한 시기에 원하는 방법으로 정보를 얻을 수 있게 하는 것이다.

정보배포 방법으로는 문서 및 보고서, 이메일, 화상회의, 전화, 회의, 프로젝트 웹사이트 등이 있으며 다양한 도구를 사용하여 정보를 배포하게 된다.

프로젝트관리자는 상황에 맞게 이해관계자와 의사소통 방법을 활용해야 한다.

구분	공식(formal)	비공식(informal)
문서(written)	- 프로젝트 계획, 프로젝트 헌장, 주요 계약, 상황보고서	- 이메일, 메모
구두(verbal)	- 보고, 발표, 프리젠테이션	- 회의, 일상대화

[표 의사소통 방법]

- written : 복잡한 문제해결을 위해서 광범위하게 사용할 수 있는 도구
- formal written : 외부 이해관계자와 가장 많이 사용하는 의사소통 도구, 여러 지역에 있는 팀원들과 효과적인 의사소통 방법
- informal verbal : 프로젝트 팀원간에 효과적인 의사소통 방법

Project+ 3.4.2 이해관계자의 기대치 관리

이해관계자 기대치 관리는 이해관계자들과 의사소통 및 협력을 통해서 이해관계자의 요구사항을 충족시키고 발생하는 이슈를 해결하고 기대치를 적극적으로 관리하는 것이다. 즉, 이해관계자 기대치 관리의 중요한 목적은 이슈해결이다.

프로젝트 관리자의 이해관계자 기대치 관리를 위한 활동은 아래와 같다.
- 이해관계자의 요구사항을 협상 및 조정
- 문제가 될 것으로 예상되는 이슈사항을 처리

- 식별된 이슈를 규명하고 해결

이해관계자의 기대치를 관리하기 위해 프로젝트 관리자에게 필요한 역량으로는 대인 기술과 관리 기량이 있다.
- 대인 기술: 이해관계자와 신뢰 형성, 갈등 해결, 적극적인 경청
- 관리 기량: 프리젠테이션 역량, 협상능력, 문서 작성 역량, 발표력

정기적으로 이해관계자를 업데이트하는 것도 중요하다. 이해관계자 식별은 프로젝트의 영향을 받는 모든 사람 또는 조직을 식별하고 프로젝트의 성공에 미치는 영향력에 관한 정보를 문서화하는 것이다. 프로젝트 이해관계자란 내부적으로는 고객, 스폰서, 프로젝트 수행조직 등이 있으며 외부적으로는 일반 대중, 국가 등이 있다.

이해관계자 분석은 프로젝트 초기에 하게 되며 프로젝트 수행과정에서도 정기적으로 이해관계자 분석을 통해 빠짐없이 식별하여 업데이트 해야 한다.

주요키워드

Key Terms	특징 및 설명
장벽(Barrier)	이해관계자간에 의사소통을 방해하는 장애물이며 계속적으로 의사소통을 위해서는 반드시 해결되어야 하는 것
스폰서(Sponsor)	프로젝트에 재정적 자원을 제공하는 개인 또는 그룹

CompTIA 영역 참조
- 4.8 제시된 상황에 대해 의사 소통 계획서를 기반으로 정보 배포 관리 및 구현

3.5 조달 실행

조달(Procurement) 실행은 대상 공급자를 모집하고, 공급자를 선정하고, 계약을 체결하는 것이다. 구매자는 입찰서나 제안서를 받고, 제안설명회를 통해 제안서 내용을 설명 받으며, 작업 수행 능력과 자격을 갖춘 공급자를 선정한다.

3.5.1 공급자 선정

공급자 요구에 응답하고 평가하는 활동은 아래와 같다.
- 공급자 응답 요구(Request seller response)
  √ 정보, 견적, 입찰, 제공물에 관한 정보를 구하거나 상황에 따라 제안을 문의하는 활동
- 입찰자 회의(Bidder conference)
  √ 공급자로부터 입찰서 또는 제안서를 제출 받기 앞서 모든 유망한 공급자와 구매자가 참석하는 회의
  √ 구매자는 공급자에게 제안요청서(RFP)를 충분히 이해시키고 질의응답을 하는 자리가 됨
- 공급자 응답 평가(Evaluate seller response)
  √ 공급자의 제안서 및 입찰서를 미리 정의된 가중치에 공급자를 평가하는 활동
  √ 구매자의 조달 정책에 따라 공식적인 평가 프로세스가 진행되고 공급자 선정 작업을 진행

공급자가 제출한 제안서, 견적서, 입찰서 등을 평가하고 검토하여 최선의 공급자를 선정하게 된다.
공급자를 선정하는 방법은 분야와 환경에 따라 다를 수 있다.

구성 요소	특징 및 설명
가중치 시스템 (Weighting System)	– 여러 평가 항목에 가중치를 부여하여 채점을 하여 가장 높은 점수를 획득한 공급자를 선정
선별 시스템 (Screening System)	– 하나 이상의 평가기준에 최소 요건을 마련하고 이 요건을 만족하지 못하는 경우 사전에 선별
독립산정 (Independent estimates)	– 제안서에 대한 기준 값으로 사용할 산정치를 독자적이거나 외부 산정 전문가를 통해 산정
전문가 판단 (Expert judgment)	– 제안서를 평가하기 위한 기술, 법률, 재무 등 다양한 전문성이 동원

[표 공급자 선정 기법]

공급자를 선정한 후 산출물은 구매자와 공급자 사이에 체결한 계약서이다. 계약서에는 공급자는 지정된 제품, 서비스, 결과물을 제공할 의무가 있고 구매자는 공급자에게 대가를 지불할 의무를 명시한다.

조달 프로세스에서 계약은 일반적으로 협약(Agreement), 하도급 계약(Subcontract), 구매주문서(Purchaser order), 양해각서(Memorandum of understanding, MOU)라고도 부른다.

주요키워드

Key Terms	특징 및 설명
자원 일정표 (resource calendar)	특정한 자원을 사용하는 날짜와 사용하지 않는 날짜를 지정한 작업일과 휴무일을 보여주는 달력
계약(Contract)	공급자는 제품, 서비스 또는 결과를 제공할 의무가 있고, 구매자는 대가를 지불할 의무가 있음에 동의하는 상호 협정

CompTIA 영역 참조
- 2.12 주어진 환경에 따른 조달 프로세스 설명

제4장 변경 통제 및 의사소통

주요내용

제4장 변경 통제 및 의사소통은 프로젝트 진행 시 발생될 수 있는 변경 사항에 대해 기 정의된 기준선(Baseline)을 기반으로 변경 요청에 대한 통제 및 관리하는 프로세스입니다. 프로젝트의 성공적인 완료를 위해 다양한 항목들을 측정하고 관리하여 프로젝트 목표를 달성할 수 있도록 관리활동을 수행하게 됩니다.

1. 변경통제 및 의사소통 단계는 프로젝트 관리 생명주기(Life Cycle) 전체를 통제하고, 모니터링을 수행합니다.

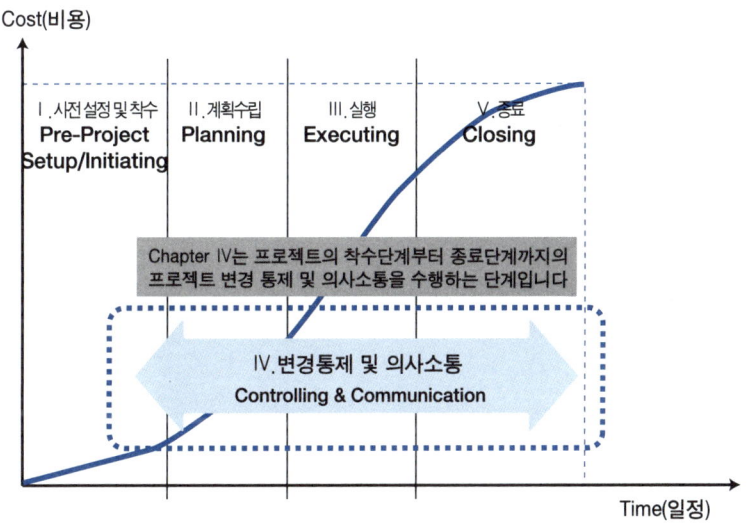

[그림 프로젝트 변경통제 및 의사소통 단계]

2. 이 장의 세부 내용은 아래와 같습니다.

프로세스	특징 및 설명
통합 관리 통제	- 프로젝트 진행 시에 요구사항의 추가, 변경에 대한 감시, 통제 및 통제 실행
범위 통제	- 프로젝트 및 제품의 범위 기준선에 대한 변경을 관리하는 활동
일정 통제	- 일정기준선에 대한 프로젝트의 진행상황을 모니터링 및 통제하는 활동

프로세스	특징 및 설명
원가 통제	– 프로젝트의 진행 상태를 모니터링 하면서 프로젝트 예산을 갱신하고 원가 기준선에 대한 변경관리를 하기 위한 활동
품질 통제	– 품질 활동의 실행 결과를 감시하고 기록하면서 성과를 평가하고 필요한 변경 권고안을 제시하는 활동
의사소통 통제	– 글로벌 환경 등 프로젝트의 특수한 상황에서 다양한 문화적, 지역적, 기술적, 언어적 특징을 고려하여 의사소통 방법을 관리
조달 통제	– 조달 계약 상의 의무 이행 여부를 감시 및 통제하여 각자 법적 권한이 보호되고 있는지 확인하는 활동

[표 통제 관리 프로세스]

학습목표

이 장을 학습하시면 CompTIA Project+ 시험 대비 및 실무에 대해 아래 지식을 습득하게 됩니다.

- 프로젝트 통합 관리 감시 통제 및 통제 수행
- 범위 변경 관리 및 범위 검증
- 프로젝트 일정 통제
- 원가 통제 및 획득 가치 관리
- 품질 통제 도구 프로젝트 팀 생성, 인적 자원 관리 계획
- 성과 보고
- 특수한 의사소통
- 조달 관리

4.1 통합 관리 통제

프로젝트 통합관리의 감시, 통제 및 통제 실행은 프로젝트 진행 시에 요구사항의 추가와 변경에서 기본적으로 발생하며, 프로젝트 관리자로서, 위 경우의 상황을 해결하는 문제가 많이 출제된다.

Project+ 4.1.1 프로젝트 통합 관리 감시 통제 및 통제 수행

프로젝트의 각 작업 및 활동에 대한 진척도를 측정하고, 성과를 비교 판단하는 활동을 수행하며, 프로젝트 진척 및 이슈에 대한 전문가 판단(Expert judgment)에 의해 CR(Change Request)을 작성하고, 이에 따른 프로젝트 관리 문서를 변경하고, 관련 문서를 변경한다.

물론, 위 감시, 통제를 통한 수행은 프로젝트 관리자가 관련자들과 변경통제위원회(Change Control Board)를 수행하기 앞서, 변경 요청 사항을 Review하고 수행하는 것이 중요하다.

통합 변경 통제 수행은 프로젝트의 요구사항변경, 산출물 변경, 기준선 변경 등을 통제하는 기록하는 활동이다.

- 변경요청(Change Request)
  √ 계약된 작업의 변경은 계약 조항 변경이나 내용 추가 또는 변경된 작업에 대해 새로운 계약을 요구할 수 있음
- 변경통제 시스템(Change Control System)
  √ 조달을 변경할 수 있는 프로세스, 서류 작업, 추적 시스템, 분쟁 해결 절차 및 승인 수준을 정의

> **CompTIA 영역 참조**
> - 2.3 프로젝트 변경관리를 위한 프로세스 서술
> - 3.3 프로젝트 실행에 대한 조직 전반의 영향과 목적 식별

4.2 범위 통제

범위 통제는 프로젝트 및 제품의 범위 기준선에 대한 변경을 관리하는 활동으로 요청된 변경과 권고된 시정사항, 또는 예방조치에 대해 처리 되도록 통제한다.

Project+ 4.2.1 변경 관리

변경 관리(Change management)는 프로젝트 변경 사항에 대해 평가하고 구현하는 것을 의미하는데 프로젝트 범위, 일정, 원가, 예산 등에 대한 변경 통제 프로세스(Change control process)는 변경 식별(identification), 평가(evaluation), 공지(notification), 변경수행(actual change) 등의 프로세스를 포함한다.

변경 요청(Change request)는 프로젝트 범위의 추가나 제거, 정책, 프로세스, 계획 등에 대한 변경, 비용이나 예산의 수정, 스케줄 수정 등에 대한 요청으로 프로젝트 관리자는 공식적인 절차를 통해 접수된 변경 요청에 대해서 검토하고 승인해야 한다.

프로젝트 범위 변경에 따라 영향을 받게 되는 영역은 다음과 같다.
- √ 프로젝트 목표(Project objectives)
- √ 주 공정(The critical path)
- √ 프로젝트 완료일(The schedule end date)
- √ 예산(Budget)
- √ 프로젝트 성과 지표(Project performance indicators)
- √ 자원(Resources)
- √ 위험(Risks)

통제되지 않은 변경을 프로젝트 범위 크립(Scope creep) 이라고 하는데 프로젝트 초기에 프로젝트 범위가 제대로 정의되지 못한 경우 또는 고객의 요구사항이 사소한 것으로 치부되어 통제하지 않은 것으로부터 출발하여 결국 프로젝트의 성과 달성에 부정적인 영향을 미치게 되는 것을 의미한다.

Project+ 4.2.2 범위 검증

범위 검증은 검수 프로세스로 프로젝트 과업을 완수했는지 확인하기 위해 달성해야 할 업무에 대한 WBS와 결과물(deliverable)를 확인하는 활동이다.

완료된 프로젝트 인도물의 인수를 공식화 하는 프로세스로 인도물이 만족스러운 수준으로 완료되었는지 확인하기 위해 고객이나 스폰서와 인도물을 검토하는 활동과 공식적으로 인수하는 절차가 수행된다.

범위 검증은 범위기준선인 범위기술서, WBS, WBS Dictionary 등을 기반으로 수행되며 범위 검증의 대상은 프로젝트 관리계획서, 요구사항 문서, 요구사항 추적 매트릭스 등이다. 이러한 범위 검증 활동은 검사(Inspection)를 통해 이루어 지는데 검사는 작업과 인도물이 요구사항과 제품 인수 기준을 충족하는지 판별하기 위하여 수행하는 측정, 검수, 확인 등을 수반하며 검토, 제품 검토, 감사 또는 워크스루의 형태가 있다.

주요키워드

Key Terms	특징 및 설명
기본 행동 규칙 (Ground Rules)	프로젝트 팀의 팀원간 관계와 의사소통, 효율성을 개선하기 위해 허용 가능한 행위와 금지되는 행위를 명시한 목록
범위 크립 (Scope Creep)	시간, 원가, 자원에 미치는 영향을 검토하지 않거나 고객 승인을 받지 않고 프로젝트 범위에 해당하는 특성 및 기능을 추가하는 것

CompTIA 영역 참조
- 4.1 제시된 상황에 대해 적절한 변경 관리 절차 구현
- 4.2 3중 제약 조건에 대한 잠재적 변경의 영향 평가

4.3 일정 통제

일정 통제는 일정기준선에 대한 프로젝트의 진행상황을 모니터링 및 통제하는 것이다. 중점적인 통제 활동은 프로젝트 일정의 현황 판별, 일정 변경의 원인이 되는 요인 조정, 프로젝트 일정의 변경 여부 판별, 일정 변경관리 등이 있다.

4.3.1 일정 통제

프로젝트를 수행하면서 지연된 일정을 대응하거나 예정일자보다 일찍 완료하기 위해 일정을 단축하기 위한 방법으로는 크래싱(Crashing)과 패스트 트래킹 (Fast Tracking)이 있다.

크래싱(Crashing)은 활동의 자원추가를 통한 일정단축기법이다.

비용과 시간 사이의 상충 관계를 분석하여 최소한의 자원 추가로 최대한의 시간을 단축할 방법을 결정하는 기법이며 주공정경로의 활동 중에서 비용 대비 효과가 높은 활동에 우선 투입하여 효과를 높일 수 있으며 예를 들어 초과근무, 추가 자원 투입이 있으나 비용이 증가하는 단점이 있다.

패스트 트래킹(Fast Tracking)은 일정계획상의 활동간의 의존관계를 조정해서 순서상의 활동을 중첩 진행 하여 일정을 단축하는 기법이다.

활동을 중첩할 수 있는 경우에만 효과가 있으나 재 작업(Rework)의 위험이 높아지는 단점이 있다.

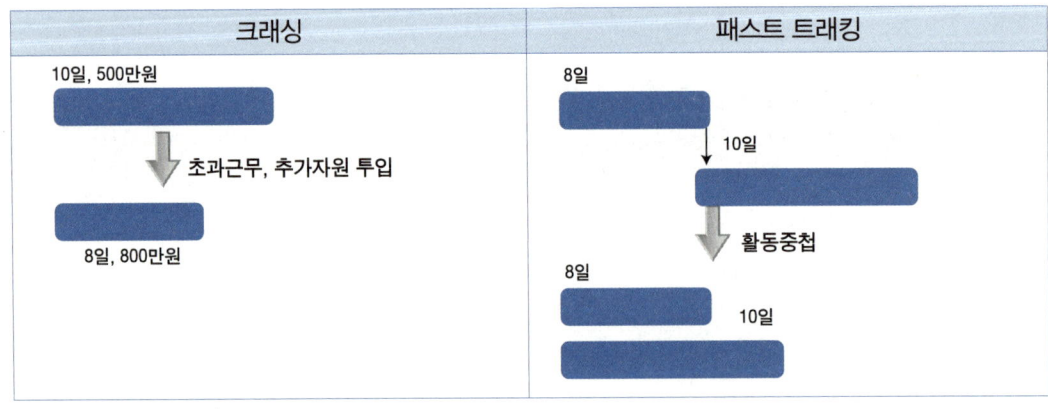

[표 공정압축법과 공정중첩 단축법]

자원평준화(Resource leveling)는 한 자원이 동일한 기간에 두 개 이상 활동에 배정된 경우, 특정 자원이 과부하 걸리지 않게 시간에 가용한 수량을 제안하는 경우 사용한다. 자원평준화를 하게 되면 주공정경로(critical path)는 변경될 수 있다.

특정 자원이 일정 기간 동안 제한된 수량만 사용할 수 있거나 자원 사용량을 어느 수준으로 유지하려 할 때 사용할 수 있다. 동일한 기간에 수행하는 활동에 동일한 자원이 배정되었을 경우에도 사용할 수 있다.

자원평준화(Resource leveling)의 목적에 따라 다양한 방법으로 적용할 수 있다.
- 특정기간에 과 부하된 자원(overloaded resource)을 제한 범위 내에서 작업시간을 변경하여 적절하게 자원을 사용하는 방법이다. 갑이라는 사람이 동시에 A와 B활동을 수행해야 한다면 B의 작업시간을 A다음으로 옮겨서 수행할 수 있고 이 경우 프로젝트 종료일이 늘어날 수 있음으로 적절하게 사용해야 한다.
- 비 주공정경로(non-critical path) 활동에 배정된 자원을 주공정경로(critical path) 활동으로 투입하는 것이다. 이 방법은 여유시간(float)이 0이상인 활동의 가용한 여유시간을 활용하여 완료예정일을 맞추는 것이다.

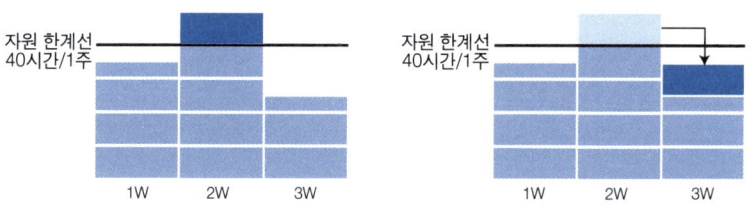

[그림 자원평준화]

주요키워드

Key Terms	특징 및 설명
가정 시나리오 분석 (What-if scenario analysis)	의사결정 문제에서 상황(원인 변수의 값)에 따라 결과(결과 변수의 값)가 어떻게 달라지는지를 찾아주는 분석 방법

CompTIA 영역 참조
- 4.4 제시된 상황에 대해 적합한 자원 평준화 기법 실행

4.4 원가 통제

원가 통제는 프로젝트의 진행 상태를 모니터링 하면서 프로젝트 예산을 갱신하고 원가 기준선에 대한 변경관리를 하기 위한 활동으로 효과적인 원가 통제는 승인된 원가 성과 기준선과 이에 대한 변경을 관리하는데 있다.

4.4.1 획득 가치 관리

획득가치 관리(Earned Value Management)는 프로젝트 별 일정과 비용을 통합 관리함으로써 성과 분석 및 프로젝트 최종 사업 비용과 일정을 예측하는 관리 기법으로 자원 계획을 일정과 기술적 비용 및 일정 요구 사항에 결합시키는 프로젝트 관리 도구이다.

모든 작업(Task)은 시간 단계별로 계획된 가치 증가분으로 계획되고 예산과 일정이 수립된다. 이는 성과 측정의 기준이 된다. 최적의 프로젝트 계획과 통제를 위해 일정/비용 요소로서 프로젝트 작업 범위를 효과적으로 통합하여 관리한다.

성과 측정에 주로 사용하는 방식으로 프로젝트 범위, 원가, 일정에 대한 측정값을 이용하여 프로젝트 성과와 진행을 평가 및 측정 할 수 있다.

획득 가치(Earned Value)를 이용하면 수주자 입장에서는 효과적으로 내부 비용 및 일정 관리 통제 기법을 통해 효율적인 프로젝트 관리가 가능하고 수행된 작업에 대한 객관적 측정을 통해 진행 내역과 결과를 추정할 수 있다. 또한 원가 관리, 계획, 작업 공정관리를 유기적으로 연결하여 프로젝트 투입 자원의 적절성에 대해 신뢰성을 제공한다.

발주자 관점에서는 계획 대비 실행 예산을 정량화하여 평가하고 추후 공정에 대해 예측이 가능하다. 또한 자원계획이나 일정 관리에 효과적이고 실비용 현황을 제공하여 현실적인 예측이 가능하게 한다.

획득가치에서 성과를 측정하는 기준은 작업을 완료해야 100% 수행으로 보는 0/100 방법, 공정의 50% 이상을 완료하기 전에는 진행률을 0으로 보고 50% 이상이면 50%로 산정하는 50/50 방법, 3단계 구간으로 구분되어 있는 0/50/100 방법 등이 있다.

■ 획득 가치의 구성

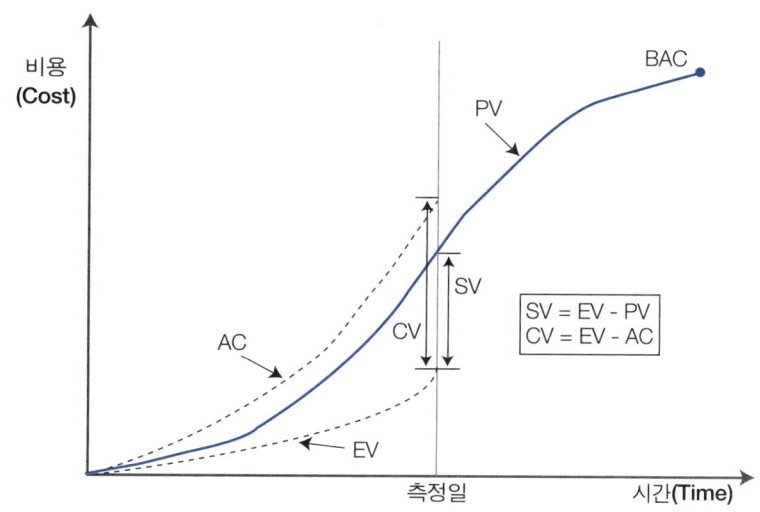

EVM은 프로젝트의 일정 상태, 비용상태 그리고 완료된 작업량을 비용으로 환산하여 계획 대비 실적을 비교하고 평가하여 프로젝트의 성과와 진행률을 정량적으로 관리하게 된다. 이를 통해 현재 시점까지 완료된 작업량이 계획 대비 얼마나 일정이 지연되고 있는지 또는 비용이 더 지출되고 있는지 파악이 가능하다.

구분	식	내용
계획 요소	PV (Planned Value)	계획가치, 특정 시점까지 완료하기로 계획된 작업의 양 수행할 작업에 배정되어 승인을 받은 예산 BCWS(Budget Cost of Work Scheduled: 예정 작업의 예산 원가)라고도 함
	BAC(Budget At Completion)	완료시점 예산, 프로젝트 계획상 수립된 전체 예산
측정 요소	EV(Earned Value)	획득가치, 특정 시점까지 완료한 작업의 양 수행된 작업에 배정하여 승인을 받은 예산으로 표현되는 작업 가치 BCWP(Budget Cost of Work Performed: 수행 작업의 예산 원가)라고도 함
	AC(Actual Cost)	실제원가, 특정 시점까지 완료한 작업 수행에 투입된 실적 원가 작업을 완료하는 과정에서 실제 발생된 총 원가 ACWP(Actual Cost of Work Performed: 수행 작업의 실제 원가)라고도 함
분석 요소	SV (Schedule Variance)	SV = EV − PV	일정 차이, 프로젝트에 대한 일정 성과를 측정하는 지표로 "수행한 작업량의 계획된 비용"에서 "계획된 작업양의 계획된 비용"을 뺀 값 SV 〉 0 : 일정 양호, SV 〈 0 : 일정 지연

구분		식	내용
분석 요소	CV (Cost Variance)	CV = EV − AC	원가 차이. 프로젝트에 대한 원가 성과를 측정하는 지표로 "수행한 작업량의 계획된 비용"에서 "수행한 작업량의 실제 비용"을 뺀 값 CV > 0 : 원가 절감, CV < 0 : 예산 초과
	SPI(Schedule Performance Index)	$SPI = \dfrac{EV}{PV}$	일정 성과 지수. 최초 계획 대비 진척도 SPI > 1 : 일정 양호, SPI < 1 : 일정 지연
	CPI(Cost Performance Index)	$CPI = \dfrac{EV}{AC}$	원가 성과 지수. 단위 비용 당 성취도(생산성) CPI > 1 : 원가 절감, CPI < 1 : 예산 초과 실제 원가 또는 진행률 대비 완료된 작업의 가치를 측정하는 척도

[표 획득가치의 구성]

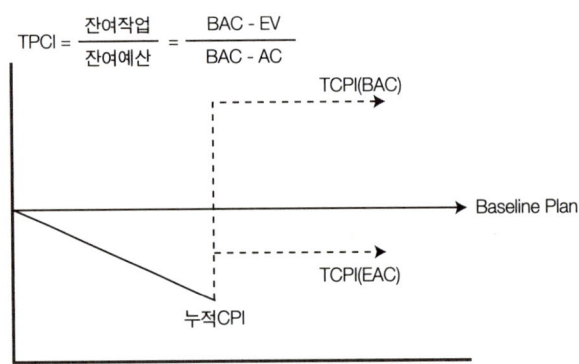

[그림 TCPI(To-complete Performance Index) 개념도]

구분		식	내용
예측 요소	BCWR (Budgeted Cost for Work Remained)	BAC − EV	BAC에서 현재 기준일까지 완료된 실시기성을 감한 금액
	ETC (Estimating To Completion)	BCWR/CPI	프로젝트 완료 때까지 잔여 예상 원가
	EAC(Estimate At Completion)	EAC = AC + ETC	프로젝트 종료시의 예상원가
	VAC (Variance Actual Cost)	BAC − EAC	프로젝트 완료 시점의 비용 편차

구분	식	내용
예측 요소	TCPI (To-complete Performance Index) TPCI = $\frac{(BAC - EV)}{(BAC - AC)}$	BAC, EAC 등과 같이 지정된 관리 목표를 충족하기 위하여 잔여 작업에서 발휘해야 할 효율

[표 획득가치의 예측 요소]

EVM기반으로 개발 프로젝트의 진척 사항을 예를 들어 설명하면, 9000만원의 총 계약금의 웹 사이트 개발 프로젝트가 1,000 만원의 수익을 뺀 나머지 8,000만원의 비용으로 진행되고 총 개발 기간은 6개월이다. 현재 프로젝트는 3개월째 진행되고 있으며, 전체 작업에 대한 현재 시점의 비용상태가 PV(Planned Value)는 48,760,000원이고 EV(Earned Value)는 47,400,000원 또, AC(Actual Cost)는 50,000,000원인 것으로 측정되었다.

현재 시점의 비용상태	
PV(Planned Value)	48,760,000
EV(Earned Value)	47,400,000
AC(Actual Cost)	50,000,000

일정 진행 정도를 파악하기 위해 SV를 구하면 47,400,000 − 48,760,000 = − 1,361,000 이므로 일정이 1,361,000원만큼 지연됨을 알 수 있다. 비용 소비 정도를 파악하기 위해 CV를 구하면 47,400,000 − 50,000,000 = − 2,600,000 이므로 비용이 2,600,000원만큼 초과됨을 알 수 있다.

작업 완료 시점에서 비용초과 여부를 예측하기 위해 EAC를 구해야 하는데 이때 CPI 지수가 필요하다.

$$CPI = \frac{47,400,000}{50,000,000} = 0.948$$

이고 이 값을 이용해 EAC를 예측해 보면

$$EAC = AC + \frac{(BAC - EV)}{CPI}$$

$$= 50,000,000 + \frac{(80,000,000 - 47,400,000)}{0.948}$$

$$= 84,388,185$$

즉, EAC는 현재 수행한 작업 실적을 기준으로 산출된 생산성으로 수행하게 되었을 때 남은 작업에 대한 비용과 지금까지 수행한 비용을 합하여 전체 소요되는 비용을 추정하게 된다. 이를 통해 프로젝트 완료 시점에서의 총 소요비용은 84,388,185원 임을 예측할 수 있다. 따라서 VAC를 구해 보면 VAC = BAC − EAC = 80,000,000 − 84,388,185 = − 4,388,185원 만큼의 비용이 계획보다 초과될 것으로 예측, 이에 대한 문제의 원인을 분석하여 조치를 할 필요성이 있다.

차이분석(Variance analysis)는 원가 성과 측정치를 사용하여 기존의 원가 기준선으로부터 차이를 평가하여 차이가 발행한 원인과 정도를 결정하고 시정조치와 예방 조치 여부를 판단하는 활동이다.

예를 들면 예산이 2억5천 만원으로 할당이 되었고 10개월 이내에 완료해야 하는 프로젝트에서 프로젝트는 4개월째 진행 중이고 성과는 20% 달성하였고 7천 5백 만원을 사용하였다고 하면 EV(Earned Value)는 현 시점에서의 성과가 20% 이므로 5천 만원이고 CV(Cost variance)는 EV에서 AC를 뺀 것이므로 − 2천 5백 만원이 된다.

원가 관리에 관련되어 자주 대두되는 관련 용어는 다음과 같다.

용어	설명
PP(Payback period)	투자원금을 회수할 때까지의 기간
NPV(Net Present Value)	순 현재가치라고 하며, 미래의 현금흐름(cash flow)을 현재의 기준으로 환산(할인, discount)한 투자금액과 수익의 차이 말하는 것으로 NPV가 클수록 좋으며 최소 0 보다 높아야 이익
IRR(Internal Rate of Return)	내부수익률이라고 하며, NPV를 0으로 만드는 자본비용을 의미하는 것으로 IRR이 높을 수록 좋음
BCR(Benefit Cost Ratio)	비용과 수익에 대한 비율
손익분기점(Breakeven point)	투자원금을 회수하는 판매수량

[표 원가관리 관련 용어]

대표적인 경제 분석 모델에는 Distributed cash flow, NPV, IRR 등이 있고 비용 편익 분석에는 Cost benefit analysis, Scoring model, Payback period 등이 있다.

> **CompTIA 영역 참조**
> • 4.7 시나리오가 주어지면 획득가치(EVM) 결과 계산 및 해석

4.5 품질 통제

품질 통제(Quality Control)는 품질 활동의 실행 결과를 감시하고 기록하면서 성과를 평가하고 필요한 변경 권고안을 제시하는 것이다.

프로젝트 결과가 품질표준의 요구사항을 만족하는지 검증하기 위해 프로젝트 성과, 일정 편차, 원가 편차 등을 측정하고 품질 부적합 요인을 분석하여 시정 조치를 제시한다.

Project+ 4.5.1 품질 통제 도구

파레토 법칙은 80/20 법칙으로, 80%의 문제가 20%의 원인 때문에 발생함을 의미한다.

파레토 차트(Pareto chart)는 문제의 우선순위 파악을 위해서 발생 빈도 순으로 정렬한 히스토그램이다.

상대적으로 적은 수의 원인이 일반적으로 문제나 결함을 대부분 초래한다는 원칙을 바탕으로 문제의 원인이 어디에 근거하며 그 문제점의 발생빈도가 크며, 점유율이 어떻게 나타나는지를 작성한 방법이다.

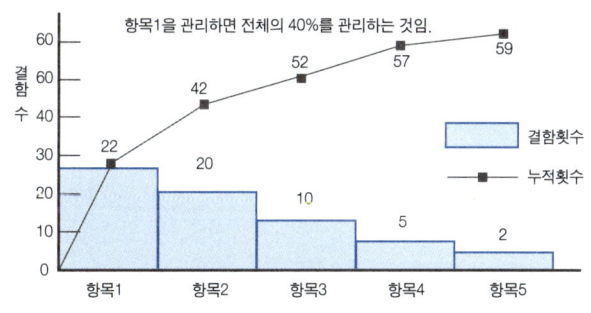

[그림 파레토 차트]

히스토그램(Histogram)은 데이터 산포 상태를 파악하기 위한 도구로 특정한 변수 상태가 발생하는 빈도를 보여주는 수직 막대 차트이다. 데이터가 존재하는 범위를 몇 개의 구간으로 나누어서 각 구간에 들어가는 데이터의 발생 빈도수를 체크하여 막대그래프로 작성한 그림으로서 각 열은 문제/상황의 속성 또는 특성을 나타내고, 각 열의 높이는 해당 특성의 상대적 빈도를 나타낸다.

런 챠트(Run Chart)는 발생 순서로 표시되는 자료점을 보여주는 선 그래프로, 시간 경과에 따른 프로세스 추세, 변동, 퇴화 또는 개선을 보여준다. 한계를 표시하지 않은 관리도와 유사하다.

이시카와 다이어그램(Ishikawa Diagram)은 결과와 원인이 어떻게 관계하고 있으며, 영향을 주고 있는가를 한눈으로 알 수 있도록 작성한 다이어그램이다. 특성요인도(Cause and Effect Diagram) 또는 Fishbone Diagram이라고도 한다.

어떤 문제의 원인을 찾거나 인과관계를 확인하거나 전체 집합의 부분 집합을 찾아가는데 유용한 기법이다.

해결하고자 하는 문제를 생선 뼈의 머리 부분에 기록하고 그 문제의 직접적인 원인이라고 생각하는 것을 큰 뼈(1차 가지)에 배치한다. 그리고 그 원인의 원인이라고 생각하는 것을 잔뼈에 배치한다.

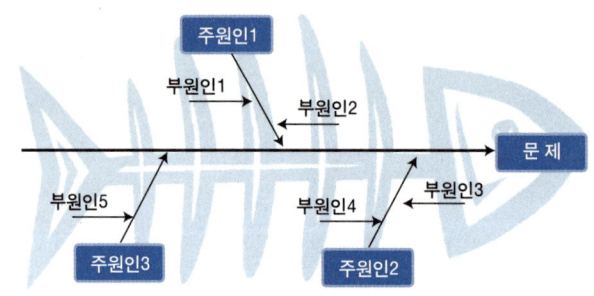

[그림 이시카와 다이어그램]

관리도(Control Chart)는 공정이 일정한 품질 수준을 유지 하는가를 판정하는 도구이다.

프로세스가 안정 상태인가를 판정하기 위한 도구로 결함수가 통제한계(Control Limit)를 벗어나면 안정되지 않은 상태에 있다고 판단한다.

Rule of Seven은 연속 점 7개가 평균을 초과하거나 평균 미만인 경우에 프로세스가 통제를 벗어난 것으로 간주한다.

Goal은 관리상태에서의 품질특성치의 평균(Mean)을 나타내는 중심선이다.

최고 사양 한계(Upper Specification Limit) 및 최저 사양 한계(Lower Specification Limit)는 계약의 요구사항을 근거로 하며 허용되는 최대값과 최소값을 나타낸다.

최고 통제 한계(Upper Control Limit) 및 최저 통제 한계(Lower control Limit)는 프로젝트 관리자 및 해당 이해관계자가 사양 한계 초과를 방지하기 위하여 시정 조치를 취할 시점을 반영하여 설정한다.

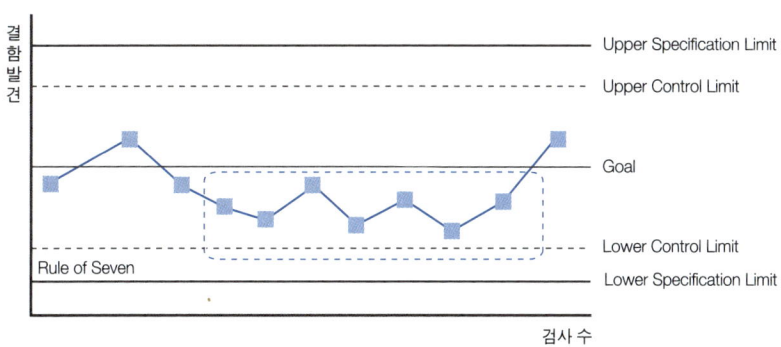

[그림 관리도]

산점도(Scatter Diagram)는 영향을 주는 2개의 인자간의 관계를 파악하는 도구이다.

두 변수에 대해서 특성(결과)과 요인(원인)의 관계를 규명하고 이 관계를 시각적으로 표현하고자 할 때 사용한다. x와 y의 관계를 단순히 그래프로 플롯 한 것으로, 상관관계를 연구하는 가장 간단한 방법이며 주로 문제해결을 위한 사전 원인조사 단계에서 사용한다.

구분	강한 정비례관계 (양(+)상관)	강한 반비례관계 (음(−)상관)	관계가 없는 것 (무상관)
형태			
특성	X가 증가하면 Y도 증가	X가 증가하면 Y는 감소	X가 증가해도 Y에 영향이 없음

[그림 산점도]

주요키워드

Key Terms	특징 및 설명
Inspection	작업 제품이 문서화한 표준을 따르는지 판별하기 위해 제품을 조사하는 활동 Reviews, peer reviews, audits, walkthroughs 라고도 함

CompTIA 영역 참조
- 4.6 프로젝트 성과물이 품질 기준선에 제시된 사양을 벗어난 경우 사용할 수 있는 잠재적 도구 식별

▶ 제4장 변경 통제 및 의사소통   **97**

4.6 의사소통 통제

프로젝트의 기준선과 실제 성과를 분석하여 원인을 밝히기 위한 추후 검토활동을 통하여 차이 분석하고 현재까지 실제 성과를 기준으로 향후 프로젝트 성과를 예측하여 성과 보고서를 배포한다.

글로벌 환경 등 특수한 상황에서 다양한 문화적, 지역적, 기술적, 언어적 특징을 고려하여 의사소통 방법을 선택한다.

4.6.1 성과 보고

성과 보고(Report Performance)는 각 현황 보고서, 진행 측정치, 예측치 등을 포함한 성과 정보를 수집하고 배포하는 프로세스이다.

프로젝트 성과보고서의 유형은 다음과 같다.
- 현황 보고서(Status report): 프로젝트의 현재 상태 정보, 상세한 정보 제공
- 경과 보고서(Progress report): 프로젝트 성과 추이 정보, 가장 빠른 상황판단 제공
- 편차 보고서(Variance report): 기준선과 실제 성과의 차이 정보
- 예측 보고서(forecasting report): 현시점 이후 프로젝트 성과를 예측하는 정보

성과 보고서에는 과거 성과 분석, 리스크 및 이슈의 현재 상태, 보고 기간에 완료된 및 완료될 작업, 보고 기간에 승인된 변경 요약, 차이 분석 결과, 프로젝트 완료 예측 자료가 포함된다.

4.6.2 특수한 의사소통

서로 같은 장소와 같은 시간에 일하지 않고 서로 떨어져 있으면서 한 팀으로써 프로젝트를 수행할 수 있는 가상팀을 구성하여 프로젝트를 진행하는 경우가 많다.

의사소통방법에 있어 가장 효과적인 것은 face-to-face 회의이지만 프로젝트 장소가 동일장소배치가 아니라 지역간, 국가간 떨어져 있음으로 원격 및/또는 간접적인 프로젝트 팀원들과 의사소통을 하는 데에는 장벽(barrier)이 있다.

따라서 특수한 의사소통 방법을 위해서 의사소통 장벽과 선호도를 판단하여 선택하는 것이 좋다.

장벽(barrier)은 이해관계자간에 의사소통을 방해하는 장애물이며 계속적으로 의사소통을 위해서는 반드시 해결되어야 하는 것이다.

특히, 다국적 프로젝트 진행 시 해결해야 할 장벽으로는 시차(Time zones), 언어 장벽(Language barriers), 기술 장벽(Technology barriers), 문화적 차이(Cultural differences), 기능 부서간 혹은 계층적 장벽(Functional or hierarchical barrier), Nonverbal communication을 고려해야 한다.

Nonverbal communication은 몸짓, 표정으로 커뮤니케이션에서 약 55%를 차지한다.

프로젝트 팀원의 특수한 의사 소통을 위해서는 명확한 기대치를 설정하고 의사소통을 촉진하고, 갈등 해결을 위한 규약을 개발하고, 의사 결정에 팀원들을 참여시켜야 한다.

팀원들은 다양한 분야의 경험을 갖고 다국어를 사용할 수 있다. 이 경우에는 팀 언어를 사용하여 모국어 이외의 언어 표준으로 의사소통을 한다.

프로젝트 관리 팀은 문화의 차이를 이해하여 프로젝트 전체 생애 주기 동안 프로젝트 팀을 개발하고 유지하는데 노력하며 상호 협력하는 환경을 조정하여 팀원의 기술적 역량, 전체 팀 환경 및 프로젝트 성과를 향상 시킨다.

기법	특징 및 설명
대인 기술	프로젝트 팀원의 정서를 이해하고 팀원의 행동을 예견하고 관심사를 살피고, 문제에 대한 후속 조치를 지원, 공감대, 결속력 조성
교육	프로젝트 팀원의 역량을 높이기 위한 모든 활동
팀 구축 활동	전체 팀이 협력하여 이슈를 해결하는 환경을 조성
기본 규칙	명확한 지침을 준수함으로써 장벽(barrier)으로 인한 오해를 줄이고 생산성을 높일 수 있음

[표 특수한 의사소통을 위한 팀 개발 기법]

주요키워드

Key Terms	특징 및 설명
가상팀 (Virtual Team)	공동의 목표를 갖고 역할을 완수하는 사람들로 구성 물리적 공간에서 대면 회의를 하는 시간은 극히 적거나 전혀 없는 작업팀

(CompTIA 영역 참조)
- 4.9 원격 및/또는 간접적인 프로젝트 팀원의 특수한 의사 소통 필요성 인식

제5장 프로젝트 종료

주요내용

제5장 프로젝트 종료(Closing)은 프로젝트의 최종 단계로서, 계약서(Contract)를 바탕으로 최종 계약이 종료하는 마지막 단계입니다.

1. 종료단계는 프로젝트 관리 생명주기(Life Cycle)의 마지막 종료 단계입니다.

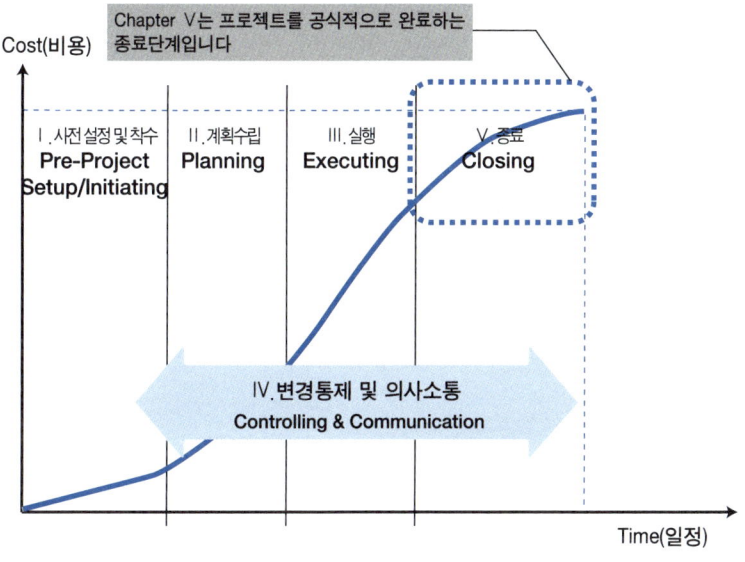

[그림 프로젝트 관리 종료 단계]

- 프로젝트 관리 문서, 승인된 인도물, 조직적인 프로세스 자산을 기반으로 프로젝트 스폰서의 승인을 통한 프로젝트 완료 단계

2. 프로젝트 종료 단계는 다음 2가지 유형이 있습니다. 프로젝트의 조달하는 항목에 대해서는 조달종료라고 판단하시고, 고객이 여러분으로 보시면 됩니다.

구분	특징 및 설명
통합관리 종료	프로젝트 각 관리영역이 공식적으로 완료하여 프로젝트 종료
조달 종료	구매된 외부 SW, Human Resource에 대한 조달 종료

학습목표

이 장을 학습하시면 CompTIA Project+ 시험 대비 및 실무에 대해 아래 지식을 습득하게 됩니다.

- 프로젝트 종료 단계의 입력물, 적용 도구 및 기법, 산출물
- 프로젝트 종료 및 단계 종료 단계에 고려해야 될 주요 항목
- 조달(Procurement) 종료 주요 내용

5.1 통합 관리 종료

프로젝트 종료 및 단계 종료는 프로젝트의 모든 활동들을 마무리하는 단계로서, 다음과 같은 입력물, 도구 및 기법, 산출물이 있다.

Project+ 5.1.1 프로젝트 종료 및 단계 종료

프로젝트 시작에 대한 Sign-off를 상위 Sponsor가 했듯이, 프로젝트 종료 시에 Sign off 하는 사람도 역시 Sponsor가 담당한다.

프로젝트 종료 단계는 다음과 같은 입력물, 적용 도구 및 기법, 결과물이 나온다.

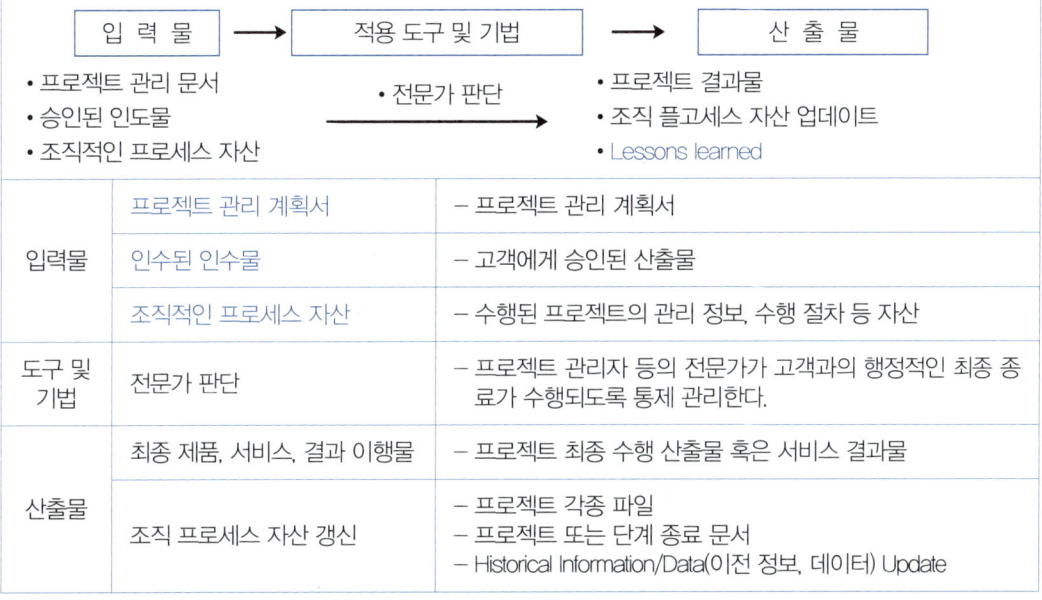

입력물	프로젝트 관리 계획서	— 프로젝트 관리 계획서
	인수된 인수물	— 고객에게 승인된 산출물
	조직적인 프로세스 자산	— 수행된 프로젝트의 관리 정보, 수행 절차 등 자산
도구 및 기법	전문가 판단	— 프로젝트 관리자 등의 전문가가 고객과의 행정적인 최종 종료가 수행되도록 통제 관리한다.
산출물	최종 제품, 서비스, 결과 이행물	— 프로젝트 최종 수행 산출물 혹은 서비스 결과물
	조직 프로세스 자산 갱신	— 프로젝트 각종 파일 — 프로젝트 또는 단계 종료 문서 — Historical Information/Data(이전 정보, 데이터) Update

Close Project Process에서 유일하게 Tool and Technique에 해당하는 항목은 전문가 판단 (Expert Judgment) 이다.

프로젝트 Final meeting에서 프로젝트의 잘된 일과 잘못한 일을 확인하는 미팅을 수행하게 되는데, 우리는 그 미팅을 Post-mortem 이라 부른다.

프로젝트 종료 시에 마지막 산출물은 Lessons learned 이다. 다만 프로젝트가 중간에 취소가 되면 범위 검증 프로세스를 수행해야 한다. 왜냐하면, 프로젝트가 중간에 취소되는 것도 고객의 공식적인 Acceptance(승인)을 위한 프로세스가 필요하며, 그러기 위해서는 Scope Verification(범위 검증)을 해야 하기 때문이다.

다음은 프로젝트 종료의 주요 유형이다.

구분	내용
Extinction	프로젝트 과업이 성공적으로 수행되고 이해관계자의 승인을 받은 경우의 종료
Addition	프로젝트 작업에 추가가 필요한 경우
Integration	자원이 조직의 다른 영역으로 분산되는 경우
Starvation	프로젝트의 자원이 단절로 인해 종료 되는 경우

[표 프로젝트 종료 유형]

프로젝트 완료단계의 주요 활동들은 프로젝트 최종 산출물에 Sign-off, 고객에게 인도할 Document Archiving, Lessons learned 활동이다. 위 활동들이 최종 완료에 대한 확인 기준은 계약서(Contract) 이다.

주요키워드

Key Terms	특징 및 설명
Kill Point	프로젝트 Phase 끝에, 산출물의 검토결과를 바탕으로 프로젝트를 취소할 수 있는 포인트(지점)을 지칭한다.
Lessons learned	프로젝트의 마지막 단계 산출물로, 프로젝트 성공과 개선점 등의 교훈 정리

CompTIA 영역 참조
- 3.3 프로젝트 실행에 대한 조직 전반의 영향과 목적 식별
- 5.3 종료문서의 구성 요소 및 목적 식별

5.2 조달 종료

프로젝트 또는 프로젝트 단계에 적용되는 각 계약을 종결한다. 판매자의 모든 인도물이 수용 가능한지 확인하고 잔금 지급을 처리한다. 계약의 조기 해지도 계약 쌍방의 합의, 어느 한쪽의 계약 불이행의 경우도 쌍방의 책임과 권리를 계약 종결 조항에 포함한다.

Project+ 5.2.1 조달 종료

조달작업의 결과물을 공급자가 인도했고 인수를 확인해서 계약서의 모든 요구사항을 만족시켰음을 확인하면 계약은 종료된다.

프로젝트 종료 단계에서는 2가지로 구성된다.
- 행정적 종료(Administrative closure)
  √ 프로젝트 및 프로젝트 단계를 공식적으로 종료하기 위해 모든 프로세스의 활동들을 종료
  √ 이 절차에서는 프로젝트의 행정적 종료 절차를 실행하는 데 참여하는 프로젝트 팀원 및 이해관계자의 모든 활동, 상호 작용, 관련 역할 및 책임 사항을 상세히 기술
  √ 프로젝트 기록을 수집하고 프로세스의 성공 및 실패를 분석하고 교훈을 수집하고 향후 조직에서 사용할 수 있는 프로젝트 정보를 보존하는 모든 활동이 포함
- 계약 종료(Contract closure)
  √ 프로젝트 또는 프로젝트 단계에 적용되는 각 계약을 종결
  √ 프로젝트 또는 프로젝트 단계에 대해 체결된 모든 계약 내용을 해결 및 종료하고 제품 검증 및 공식적인 행정적 종료를 지원하는 활동을 포함
  √ 판매자의 모든 인도물이 수용 가능한지 확인하고 잔금 지급을 처리
  √ 미결 상태의 클레임은 종결 후 소송으로 이어질 수 있음으로 계약서 및 조건에 계약 종결에 대한 특정 절차를 명시할 수 있음

프로젝트 중단 및 부분 종료는 계약 쌍방의 합의, 어느 한쪽이 계약 불이행, 구매자의 편의에 따라 발생할 수 있는 특별한 경우의 조달 종료이다. 해당 조달 약관 및 조건에 근거하여 정당한 사유 또는 편의에 따라 고객은 언제든지 전체 계약 또는 프로젝트의 일부분을 종료할 수 있는 권한을 갖는다.

프로젝트 종료 문서에는 조직마다 다를 수 있으나 일반적인 종료 문서는 아래와 같다.

구성 요소	특징 및 설명
교훈 (Lessons learned)	– 프로젝트를 수행하는 과정에서 습득한 교훈으로 향후 프로젝트를 위하여 이전 프로젝트 선정 관련 의사 결정 사항과 프로젝트의 성과, 이슈와 리스크, 향후 프로젝트에 적용할 수 있는 기법 등에 대한 정보가 포함
종료 보고서 (Close report)	– 프로젝트 종료에 대해서 고객의 공식적인 승인을 획득하기 위한 프로젝트 보고서
사후 분석 (Post mortem analysis)	– 프로젝트가 종료된 후 수행하는 사후분석회의 – 프로젝트팀원들과 문제/원인 발견 및 개선점 도출을 통하여 향후 프로젝트를 위한 분석 정보가 포함
최종 개인성과 평가 (Final individual performance appraisal)	– 개인에 대해서 모범적 행동을 인정하고 보상을 위한 성과 평가 – 성장, 업적 달성, 개인의 전문 기량을 발휘하도록 개인의 뛰어난 성과를 인정함으로써 동기부여가 됨
이관계획서 (Transition plan)	– 프로젝트 종료 후 최종 결과물을 운영으로 이관하기 위한 인수인계 계획 – 최종 제품, 서비스, 인도물등 최종 결과물 검수계획, 운영계획, 철수계획, 잔여이슈해결 계획 등을 포함하여 이관계획을 수립
사후감사 보고서 (Post-project audit)	– 팀의 효율성, 프로젝트 성공, 산출물 검토, 조직에 부여한 가치 등 프로젝트에서 작업의 모든 사항에 대한 정보를 포함 – 남은 예산에 대한 검토는 포함하지 않음

[표 프로젝트 종료 문서]

주요키워드

Key Terms	특징 및 설명
대안적 분쟁해결 (ADR, Alternative Dispute Resolution)	재판 등에 의한 강제적인 분쟁해결방식에 대안으로, 중립적인 제3자의 조정, 중재 하에 이해당사자가 분쟁해결과정에 직접 참여하여 상호 수용 가능한 합의를 유도해 내는 자율적인 방식

> **CompTIA 영역 참조**
> - 5.1 공식적인 프로젝트 종료의 중요성과 효과 설명
> - 5.2 프로젝트/단계 종료가 발생할 수 있는 환경을 식별하고 종료 시 취할 절차를 파악
> - 5.3 종료문서의 구성 요소 및 목적 식별

Final Test 200제

Final Test 200제 A형

1. 당신은 프로젝트의 PM이며, 진행 예정인 프로젝트에 관련된 Functional Manager가 프로젝트 팀원 할당에 이의를 제기하는 경우, 어떤 문서에 Resource를 정의해야 하는가?

    A. Project Charter
    B. Project Scope
    C. Human Resource Plan
    D. Resource Calendar

2. 프로젝트의 내부와 외부적으로 프로젝트 정당함을 공인하는 문서는 다음 중 무엇인가?

    A. Project Management Plan
    B. Project Charter
    C. WBS
    D. Kick-off Meeting Deliverables

3. 프로젝트 이해당사자들의 분석 및 요구사항의 우선순위를 도출하는 단계에서, 요구사항 중의 하나가 단지 상위 레벨의 임원을 만족시키는 주관적인 요구사항이 있다. 프로젝트 요구사항 관리 측면에서 이 위험은 무엇인가?

    A. 고객 요구사항을 적용하기 위해서, 프로젝트 품질 요구사항을 항상 관리해야 한다.
    B. 프로젝트 범위 관리를 위해, 위 요구사항을 가정하고 문서화되어야 한다.
    C. 프로젝트 관리자가 프로젝트 인도물로써, 관리할 수 없는 위험이다.
    D. 이 고객의 요구사항을 성취하기 위해서는 주관적인 요구사항이고, 이 요구사항을 적용하기 위해서는 상위 레벨의 위험을 포함한다.

4. 다음 중 프로젝트의 Stakeholder를 식별하는 프로세스 결과 산출물은 무엇인가?

    A. Project Charter
    B. Stakeholder Register
    C. Scope Baseline
    D. Communication management plan

5. 프로젝트 지식 관리(Knowledge Management) 9개 항목에서, Stakeholder를 식별하는 프로세스는 다음 중 무엇인가?

    A. Scope Management

    B. Integration Management

    C. Communication Management

    D. Risk Management

6. 다음 중 프로젝트 진행 가치가 있다고 판단하는 문서는 무엇인가?

    A. Project Management Plan

    B. Scope Management

    C. Business Case

    D. Business Analysis Report

7. 프로젝트를 반대하고 비판하는 Stakeholder는 다음 중 무슨 타입인가?

    A. Opposing Stakeholder

    B. Negative Stakeholder

    C. Combative Stakeholder

    D. Threatened Stakeholder

8. Cost Management Area와 관련 있는 프로세스 3가지를 고르시오.

    A. Cost control

    B. Cost estimating

    C. Cost budgeting

    D. Cost assumption

9. 프로젝트 총 비용은 2백만 달러이고, 프로젝트 납기는 2년 내에 프로젝트가 완료되어야 한다면, 위 상황을 무엇이라고 하는가?

    A. Project assumption

    B. Project Risks

    C. Project Constraints

    D. Project requirement

10. 프로젝트 헌장은 High-level 가정(Assumption)을 포함해야 하는데, 다음 중 SW 개발 프로젝트에서 가정에 해당되는 것은?

    A. 윈도우 기반에서 작동해야 함
    B. 웹 기반에서 구동
    C. 프로젝트 개발자는 프로젝트 시작시점부터 완료시점까지 근무해야 함
    D. 프로젝트는 10월 30일까지 완료되어 함

11. 프로젝트 시간과 자원을 제일 많이 사용하는 프로세스는?

    A. Initiation
    B. Planning
    C. Executing
    D. Controlling
    E. Closing

12. 여러 개(7개 이상)의 점들이 중앙선 기준으로 한쪽에만 연속적으로 비슷한 수준으로 나타나는 경우의 용어는 다음 중 무엇인가?

    A. Out Of Control
    B. Control Chart
    C. Six Sigma
    D. Rule of Seven

13. 다음 중 Control Process에 있는 항목 3개를 고르시오.

    A. Cost Control
    B. Variance
    C. Scope Change
    D. Release of Project team members

14. 고객이 프로젝트 완료 시에 있는 산출물에 대해 각각 Phase 마다 점검하길 원한다. 프로젝트 관리자로서 해결 방법은 무엇인가?

    A. Verify Scope
    B. Quality Control
    C. Phase Gate review
    D. Inspection of work

15. 고객의 공식적인 Acceptance 을 위한 프로세스는 무엇인가?

    A. Scope Verification

    B. Project Closure

    C. Scope Validation

    D. Project Control

16. 프로젝트 스폰서가 가장 큰 영향을 주는 단계는 무엇인가?

    A. Planning

    B. Execution

    C. Closing

    D. Controlling

17. 프로젝트 Scope Statement가 만들어 지는 단계는 무엇인가?

    A. Planning

    B. Execution

    C. Closing

    D. Controlling

18. 범위검증 하는 주 목적은 무엇인가?

    A. 프로젝트 목적 달성

    B. 프로젝트 성과 달성

    C. 프로젝트 인도물 승인

    D. 프로젝트 팀의 성과 승인

19. 기업에서 모든 프로젝트의 승인, 투자대비 효과, 프로젝트의 유효성을 판단하는 위원회를 무엇이라고 하는가?

    A. Change control board

    B. Organization Investment board

    C. Portfolio review board

    D. Technical review board

20. 프로젝트 Stakeholder identification process에 나오는 산출물 혹은 결과 문서는 무엇인가?

   A. Stakeholder directory

   B. Stakeholder registry

   C. Stakeholder communication

   D. Stakeholder Role and responsible matrix

21. 다음 주어진 상황에서, PM을 수행하는 당신은 프로젝트를 잘 완료하였고, 같은 조직의 다른 프로젝트 관리자는 현재 프로젝트를 많이 지연하고 있는 상황이다. 동료로서 당신은 어떻게 처리해야 하는가?

   A. 일부 항목에 대해 Change Request를 작성하라고 한다.

   B. 프로젝트 헌장을 신규 생성한다.

   C. 당신이 일을 수행한 것처럼, 다른 프로젝트 관리자는 이 프로젝트를 수행해야 한다.

   D. 당신의 팀원이 동료 관리자의 프로젝트 일을 도울 수 있도록 바로 처리한다.

22. 다음 중 WBS에 대한 설명으로 타당한 3개를 고르시오.

   A. 일정과 비용에 대한 자세한 Framework를 제공한다.

   B. 프로젝트 관리자는 WBS를 변경하거나 수정 할 수 없다.

   C. 통일된 하나의 방법으로 제공한다.

   D. 프로젝트 관리 툴의 중요한 방법이다.

23. Scope 지식 영역을 모두 선택하시오.

   A. Verify Scope

   B. Control Scope

   C. Selection

   D. Crate WBS

24. Scope, Statement of work, 산출물 정의, 연관된 Activity의 리스트와 마일스톤을 표시하는 단어는 무엇인가?

   A. WBS

   B. Code of accounts

   C. BCWS

   D. WBS Dictionary

25. 프로젝트 조직을 상하 계층적으로 기술하여 작업 패키지(Work Package)가 관련된 팀을 알게 해주는 것은 무엇인가?

   A. Work Breakdown Structure (WBS)
   B. Organizational Breakdown Structure (OBS)
   C. Risk Breakdown Structure (RBS)
   D. Project Breakdown Structure (PBS)

26. Project Management Life Cycle와 Project Life Cycle 를 가장 잘 설명한 것은 무엇인가?

   A. Project Management Life Cycle은 Project Life Cycle의 5단계 프로세스 단계에 대한 보편적인 관리이다.
   B. Project Life Cycle은 프로젝트를 진행하는 유일한 단계를 수행하는 보편적인 관리이다.
   C. Project Management Life Cycle은 Authoring, Planning, Execution, Control, Close out 단계로 구성되어 진다.
   D. Project Management Life Cycle 유일한 단계를 진행하는 프로세스를 설명한다.

27. PM은 프로젝트를 진행할 때, 기업의 대내외 환경적인 요소를 고려해야 하는데, 다음 중 가장 예외적인 것은 무엇인가?

   A. Templates
   B. Working Hours
   C. Government sanctions
   D. Human resource policies

28. 프로젝트가 예산과 일정이 지연된 상태에서, 신규 요구사항 변경이 들어올 경우 baseline을 어떻게 할 것인가?

   A. 프로젝트 초기 범위에서 벗어난 부분이므로, 요구사항 변경을 처리하지 않는다.
   B. 요구사항 부분에 대한 Scope baseline만 변경한다.
   C. 프로젝트 앞으로의 변화에 대해, Scope, time, cost baseline을 증가하고, 이를 반영한다.
   D. 추가 요구사항이므로, Baseline은 변경하지 않는다.

29. 다국적 프로젝트 진행 중, 이메일, 컨퍼런스 콜 등 프로젝트 팀 관리에서 고려하지 안 해도 되는 것은 무엇인가?

   A. Time Zones

B. Technology barriers
C. Change management issues
D. Nonverbal (몸짓, 표정) communication

30. 프로젝트에서 일반적으로 프로젝트 매니저는 대부분의 시간을 어떤 활동을 수행하게 되는가?
    A. 프로젝트 계획 수립
    B. 프로젝트의 작업을 수행하는 사람들의 관리
    C. 스폰서와 이해관계사와의 상호 협력
    D. 작업 제어

31. PV = 85, AC = 83, 그리고 EV = 81 일 때 SPI는 얼마인가?
    A. 0.98
    B. -3
    C. 0.95
    D. -2

32. 프로젝트 헌장을 준비할 때 다음 항목 중 항상 포함되어야 하는 것은 무엇인가? 세 가지를 고르시오.
    A. Project justification
    B. Benefit measurement methods
    C. Relation to the organization's strategic plan
    D. Key project deliverables
    E. Team member roster
    F. List of stakeholders
    G. General project approach

33. 인적자원, 장비, 자재 및 각 공급물에 대한 수량을 계획하는 단계는 무엇인가?
    A. Resource planning
    B. Human resource planning
    C. Procurement planning
    D. Cost estimating

34. 다음 중 업체 선정 시 사용할 수 없는 문서는 무엇인가?

    A. RFP

    B. IFP

    C. RFQ

    D. IFB

35. 프로젝트가 취소되거나 조기 종료 때 마다 수행 되어야 하는 프로세스는 다음 중 무엇인가?

    A. Post-mortem analysis

    B. Post-project review

    C. Lessons learned

    D. Project closeout

36. 품질 통계, 품질 검사 목록 및 종료 기준은 프로세스 중 어느 단계에서 정의 하는가?

    A. Quality planning

    B. Quality control

    C. Quality audits

    D. Quality execution

37. 다음 중 현금 흐름 기법은 무엇인가?

    A. Internal rate of return (IRR)

    B. Discounted cash flows

    C. Payback period estimate

    D. Cost-benefit analysis

38. PV = 85, AC = 89, EV = 85, BAC = 90, ETC = 2, EAC = 91 인 경우 VAC는 얼마인가?

    A. 92

    B. -1

    C. 91

    D. 5

39. 프로젝트 최종 산출물을 분해하는 단계에서 작성하는 문서는 무엇인가?

    A. 범위 기술서

B. 활동 리스트
C. 작업 분류 체계 문서
D. 프로젝트 일정표

40. 이전에 수행한 프로젝트 중 규모와 범위가 유사한 프로젝트로부터 비용을 추정하는 방식은 무엇인가?

    A. Parametric modeling
    B. Analogous
    C. Bottom-up
    D. Definitive

41. 프로젝트 실행 중에 일부 자원을 외부 업체로부터 공급받기로 되어 있다. 프로젝트 관리자는 최소한 3일 안에 납품되면 공정 상 지연이 없을 거라 기대하고 있지만 조달 책임자는 경험적으로 최소 5일이 필요하다고 이야기 하고 있다. 이에 외부 업체 직원은 최소 13일 이상 소요 될 것이라는 의견을 보였다. 이러한 상황에 대해 프로젝트 관리자는 상위 이해관계자에게 자원 공급 시기를 언제라고 보고해야 하나?

    A. 4
    B. 6
    C. 8
    D. 11

42. 주 경로(Critical path)는 무엇인가?

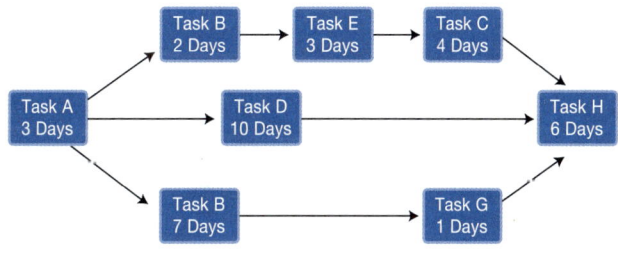

    A. A-D-H
    B. A-B-E-C-H
    C. A-F-G-H
    D. A-B-C-D-E-F-G-H

43. 정량적인 작업 기간 추정을 위해 팀 구성원들의 작업 기간에 대한 질의 결과를 기반으로 기간을 산정하는 방법을 무엇이라고 하는가?

    A. Parametric estimating

    B. Expert judgment

    C. Bottom-up estimating

    D. Analogous estimating

44. 프로젝트 구성원이 작성하는 일반적인 프로젝트 문서 중 기록 보존(project archives) 해야 하는 것은 무엇인가?

    A. Post-project review

    B. Lessons learned

    C. Post-mortem analysis

    D. Customer satisfaction survey

45. 낮은 품질로 인한 품질 비용은 무엇인가? 두 가지를 선택하시오.

    A. Appraisal

    B. Prevention

    C. Corrective

    D. Internal

    E. External

46. 조건부 루프를 허용하는 일정 네트워크 기법은 무엇인가?

    A. PERT

    B. PDM

    C. ADM

    D. GERT

47. 조직 구성 계획은 인적 자원 계획 과정 중에 수행되는데 다음 중 조직 계획 수립 시 고려하지 않아도 되는 것은 무엇인가?

    A. Personnel policies

    B. Location and logistics

    C. Interpersonal factors

    D. Labor union agreements

48. PV = 85, AC = 83 이고 EV = 81 인 경우 SV는 얼마인가?
   A. 0.98
   B. -4
   C. 0.95
   D. -2

49. 다국적 기업인 경우 프로젝트 일정 개발 시 각 조직의 근무일정, 팀 구성원의 일정 및 회사의 특정 기념일 등을 고려하여야 한다. 이들 중 간과하기 쉬운 중요한 사항 2개를 선택 하시오
   A. 종교행사
   B. 타 국가 국경일
   C. 팀원의 주말 일정
   D. 시간외 근무
   E. 회사 휴무일

50. 당신은 고객지원 서버 시스템의 유지보수 담당자이다. 새로운 소프트웨어 패키지가 지난 해에 설치되어 사용 중 처음으로 유지보수가 요구 되었다. 다음 중 맞는 것을 3가지 고르시오.
   A. 이것은 기술적인 요구 때문이다.
   B. 프로젝트가 종료 되고 이제 지속적인 작업이다.
   C. 일반적으로 임시적 작업이 아니다.
   D. 비즈니스 필요성에 의해 요구 되었다.
   E. 프로젝트 관리자는 이 작업에 대해 리소스를 배정해야 한다.
   F. 이 작업은 유일한 제품이나 서비스가 아니다.

51. 프로젝트 범위 기술서가 필요한 이유는 무엇인가?
   A. 모든 프로젝트 팀 구성원 및 이해관계자가 프로젝트에 대한 이해 기준을 제공하고 의사 결정을 위한 근거 제공
   B. 프로젝트를 완료하는데 필요한 모든 리소스의 목록을 자세하게 제공
   C. 프로젝트 활동 관련 일정 계획들을 설명
   D. 변경 통제 관리 프로세스를 설명

52. 현재 프로젝트는 모니터링 및 통제 프로세스 단계를 진행하고 있다. 사용자의 변경 요청이 접수되어 이를 분석하고 평가 했더니 요청을 수락하게 되면 프로젝트 범위에 큰 영향을 주게 된다. 이러한 경우 다음 단계 진행은 어떻게 해야 하나?

    A. 스폰서와 이해관계자들을 만나 변경 사항에 대해 승인을 받는다.
    B. 범위 변경에 의한 영향을 덜 미치는 대안을 이해관계자와 트레이드 오프를 분석하여 결정한다.
    C. 해당 변경 내용을 다음 프로젝트 단계로 연기할 수 있는지 평가한다.
    D. 팀 구성원들과 변경 요청에 대해 논의하고 변경내용을 구현하기 위한 내용을 문서화한다.

53. 일부 이해관계자와 프로젝트에 포함되지 않은 스폰서가 각 요구사항의 인수 조건이 충족되었음에도 불구하고 산출물에 대해 만족하지 않는다. 그들은 나빠진 프로젝트에 더 이상 리소스와 비용을 투입하길 원하지 않는다. 이런 경우 프로젝트 관리자인 당신은 어떻게 대응할 것인가?

    A. 즉시 프로젝트를 종료 한다.
    B. 프로젝트의 나머지 부분을 완료 하기 위해 며칠 추가 시간을 요구한다.
    C. 이 단계의 프로젝트는 이미 많은 산출물들이 승인되었고 현재 조건을 수용하기엔 진행이 많이 되었다.
    D. 프로젝트를 취소할 수 있는 권한은 유일하게 스폰서가 가지고 있기 때문에 스폰서에게 그들의 요구사항을 전달한다.

54. 당신은 현재 실행(Execution) 과정을 수행하고 있는 프로젝트 관리자이다. 다음 중 이 과정에 포함되는 활동은 무엇인가?

    A. 프로젝트 종료 문서 작성
    B. 프로젝트 일정 변경
    C. 계획된 예산과 실제 소요된 경비 비교
    D. 범위 문서에 대한 Sing-off 획득

55. 당신이 진행하고 있는 프로젝트 팀에 작업 수행에 심하게 집중하지 못하는 팀 구성원이 있다. 그 팀원은 불만이 많았지만 이슈를 만들지 않고 억제하고 있다. 그가 프로젝트 성공의 핵심 기술을 보유하고 있는 상황이라면 이 문제를 대처하는 가장 좋은 방법은?

    A. 같이 일할 새로운 팀원을 찾는다.
    B. 그 팀원이 예측할 수 있는 이슈를 물어 보고 해당 이슈를 해결할 수 있는 팀을 찾는다.
    C. 예측할 수 있는 이슈들에 대해 물어 보고 어떤 문제가 그 팀원을 힘들게 하는지 면담을 진행

하고 가능하면 그 문제를 해결하는데 도움을 줄 수 있는지 또한 프로젝트 수행 시 해당 역할의 중요성을 강조한다.

D. 그 팀원에게 당신이 그러한 문제를 인지하고 있고 어떤 것들이 힘들게 하는지 물어 보고, 프로젝트 팀에서의 역할이 얼마나 중요한지에 대해 설명한다.

56. 프로젝트 검증(Validating project) 단계에서 수행하는 활동을 2가지 고르시오

    A. 프로젝트 식별
    B. 업무 사례 식별
    C. 프로젝트 헌장을 작성하고 승인
    D. 이해 관계자 식별
    E. 전략 계획과 프로젝트를 연계

57. 다음 중 프로젝트 팀 구성원을 해체하는 단계는 무엇인가?

    A. Performing
    B. Adjourning
    C. Releasing
    D. Transitioning

58. 프로젝트를 종결 후에 프로젝트에서 수행했던 활동을 중심으로 Lessons learned 를 정리하려는데 아래의 목록 중 필요한 정보를 얻기 위해 가장 효과적인 방법을 선택하라.

    A. 비공식 팀을 구성하여 프로젝트의 긍정적인 요소와 부정적인 요소에 대해 화이트보드 세션을 진행한다.
    B. 대상 프로젝트 팀원에게 이메일을 보내어 그 내용을 기반으로 보고서를 작성한다.
    C. 팀과 함께 공식적인 세션을 구성하고 각 단계에 대한 성공 요소와 실패 요소를 식별하고 미비하게 처리된 내역에 대한 개선 방법을 제시 받는다.
    D. Lessons learned를 위한 공식적인 회의는 필요하지 않으며 팀 구성원을 개별적으로 만나 의견을 수렴한다.

59. 당신이 진행하는 프로젝트에 처음엔 Star performer였다가 현재는 태만한 태도로 근무하고 있는 팀원이 있다. 그 결과 전체 작업 일정이 늦어지게 되었는데 이에 대한 가장 좋은 해결 방안은 무엇인가?

    A. 작업이 늦어지는 이유를 설명하고 전 단계로 돌아 가거나 이슈에 대해 해결 방법을 알고 있

는지에 대해 확인한다.

B. 프로젝트 팀원을 만나 프로젝트 이전의 생산성 수준으로 돌아 가야 할 것을 말한다.

C. 프로젝트 팀원에게 다른 팀원들이 생산성이 떨어진 이유에 대해 알고 싶어 한다고 말한다.

D. 팀원의 행동은 받아들일 수 없고 정비하기 위한 새로운 계획을 세운다.

60. 경제 분석 모델 3가지 선택하시오.

    A. Discounted cash flow

    B. Cost-benefit analysis

    C. NPV

    D. Scoring model

    E. IRR

    F. Payback period

61. 프로젝트 계획과 범위 문서를 개발하고 계획이 승인되고 나면 다음에 진행해야 할 단계는 무엇인가?

    A. Initiating

    B. Planning

    C. Executing

    D. Monitoring and Controlling

    E. Closing

62. 시작부터 완료까지 프로젝트 흐름을 나타내는 프로젝트 관리 도구는 무엇인가?

    A. Project network diagram

    B. Cause-effect diagram

    C. Run chart

    D. Histogram

63. 예산이 2억5천만원이고 10개월내에 완료하여야 한다. 현재 4개월째에 20% 달성하였고 7천5백만원을 사용하였다. EV(earned value)는 어떻게 되는가?

    A. -2천5백만원

    B. 2천5백만원

    C. 5천만원

    D. 1억원

64. CCB(Change control board)의 목적은 무엇인가?

    A. CCB는 프로젝트에 제안된 범위 변경을 검토한다.

    B. CCB는 프로젝트의 업체선정을 위해서 제안서를 검토한다.

    C. CCB는 변경사항을 승인 및 거절하기 위해서 프로젝트 헌장을 검토한다.

    D. CCB는 프로젝트 착수를 검토한다.

65. 다음 중 프로젝트의 Iron Triangle의 부분이 아닌 것은 무엇인가?

    A. Scope

    B. Time

    C. Cost

    D. Quality

66. Pre-project 셋업 프로세스의 목표는 무엇인가?

    A. 프로젝트 헌장 작성

    B. 프로젝트 비용 결정

    C. 프로젝트 자원 확보

    D. 프로젝트 일정 결정

67. IT 프로젝트에서 품질 실현을 위한 방법은 무엇인가?

    A. 작업에 더 많은 시간을 허용

    B. 프로젝트 인도물에 대한 품질 계획

    C. 예산 추가 할당

    D. 일정, 예산 준수

68. Progress 보고서는 품질 구현에 어떤 도움을 줄 수 있는가?

    A. 프로젝트 관리자와 팀원이 프로젝트 상황을 추적하도록 해준다.

    B. 프로젝트 관리자가 기준선과 실제 성과 차이를 보고하도록 해준다.

    C. 프로젝트 관리자가 프로젝트 성과를 예측하도록 해준다.

    D. 프로젝트 관리자가 팀의 성공과 실패를 추적하도록 해준다.

69. 프로젝트 관리자는 왜 조직 관리자들과 서로 관계 형성을 해야 하는가?

    A. 조직 관리자가 프로젝트에 팀원의 투입을 보장하기 위해서

B. 조직 관리자가 프로젝트에 지속적인 지원을 보장하기 위해서

C. 프로젝트 기간 동안 일정과 예산 준수를 위해서

D. 조직 관리자의 투입을 보장하기 위해서

70. 다음 중 위생요인(hygiene agent)를 가장 잘 설명한 것은 무엇인가?

    A. 인센티브
    B. 개인의 발전
    C. 훈련
    D. 급여

71. 프로젝트는 팀의 낮은 성과로 취소되었다. 프로젝트 관리자와 수행조직은 범위검증을 완료해야 하는가?

    A. 그렇다, 프로젝트 관리자는 공헌에 대해 보상을 받아야 하므로
    B. 그렇다, 인도물이 작성된 것에 대해서 확인이 필요할 것이므로
    C. 아니다, 전체 범위가 완료되지 않았으므로
    D. 아니다, 프로젝트가 취소되었으므로

72. 프로젝트 인도물의 공식적인 인수는 다음 중 무엇인가?

    A. 고객이 프로젝트 인수 동의에 승인
    B. 프로젝트 완료일에 진행하는 기술 검토
    C. 프로젝트 팀원을 새로운 직무에 재임명
    D. 회사 Portal에 프로젝트 종료를 알림

73. 다음 중 Post-project audit의 목적이 아닌 것은 무엇인가?

    A. 프로젝트 팀 효율성에 대한 검토
    B. 프로젝트 성공에 대한 검토
    C. 산출물의 가치에 대한 검토
    D. 프로젝트의 잔여 예산 검토

74. 프로젝트 이해관계자를 가장 잘 설명한 것은 무엇인가?

    A. 프로젝트에 재정적으로 참여하고 있는 사람, 그룹, 조직
    B. 프로젝트 인도물의 결과에 영향을 받는 사람, 그룹, 조직
    C. 프로젝트에서 시간적으로 참여하고 있는 사람, 그룹, 조직
    D. 프로젝트 착수에 관심을 가지는 모든 사람, 그룹, 조직 및 커뮤니티

75. 당신은 웹 서버를 업그레이드 하도록 임무를 부여 받았다. 하지만 시스템관리자는 업그레이드에 반대하고 있다. 이 시스템관리자를 당신은 어떻게 분류할 것인가?

    A. Negative
    B. Positive
    C. Aggressive
    D. External

76. 당신은 프로젝트의 관리자이다. 당신의 상위 매니저는 프로젝트의 대부분의 결정을 하고 있고 프로젝트 보고 회의 대부분을 참석하고 있다. 당신은 어떤 유형의 환경에서 수행하고 있는가?

    A. Functional
    B. Composite
    C. Matrix
    D. Projectized

77. 프로젝트 종료단계에서 팀원들이 가장 불안해 하는 구조는 무엇인가?

    A. Projectized
    B. Strong matrix
    C. Weak matrix
    D. Functional

78. 프로젝트 관리자가 팀원에게 만약 일정을 지키지 못한다면 그들의 조직 관리자에게 보고할 것이라고 얘기한다. 어떤 유형의 권한인가?

    A. Formal
    B. Expert
    C. Referent
    D. Coercive

79. Maslow에 따르면 작업자에 가장 필요한 것은 무엇인가?

    A. Self-actualization
    B. Esteem
    C. Safety
    D. Physiological

80. 당신은 현재 프로젝트 일정추정을 다른 유사한 프로젝트를 바탕으로 하였다. 이것은 어떤 추정인가?

    A. Bottom-up

    B. Expert judgment

    C. Parametric

    D. Analogous

81. 프로젝트의 장비 설치, 생산 및 라이선스 비용으로 각 단위당 1천만원씩을 청구하였다. 이 프로젝트에 사용된 추정유형은 무엇인가?

    A. Bottom-up

    B. Expert judgment

    C. Parametric

    D. Analogous

82. 프로젝트 팀에서 적절한 의사소통 방법이 아닌 것은 무엇인가?

    A. EVM

    B. Enterprise portal

    C. E-mail

    D. Presentation

83. 작은 요소로 프로젝트 인도물을 세분화 하는 프로세스는 무엇인가?

    A. WBS

    B. composition

    C. Decomposition

    D. Integration

84. 프로젝트 활동에 자원을 할당할 때 프로젝트 관리자가 반드시 고려 해야 하는 것은 무엇인가?

    A. 자원 효율성

    B. 자원 가용성

    C. 주 공정경로

    D. 기술 능력

85. 아래 제약조건 중 유연하지 못한 것은 무엇인가?
    A. MFO
    B. ASAP
    C. ALAP
    D. SNLT

86. Project Team resource를 언제, 어떻게 Release하는 관리계획서는 무엇인가?
    A. Project communication management plan
    B. Human resource management plan
    C. Project staffing management plan
    D. Project schedule management plan

87. 활동목록(activity list)은 무엇인가?
    A. 새로운 기술을 배우고 수행해야 할 활동 목록
    B. 프로젝트 완료에 필요한 활동 목록
    C. 프로젝트 스폰서가 기대하는 활동 목록
    D. 프로젝트 관리자와 팀이 조사 기간 동안 완료해야 하는 활동목록

88. 제3자에게 리스크의 책임을 이동시키는 것은 리스크 대응 전략 중 무엇인가?
    A. Avoid
    B. Mitigate
    C. Transfer
    D. Accept

89. 프로젝트의 리스크가 발생하였을 때 긍정적인 영향을 활용하기 위한 리스크 대응 전략은?
    A. Exploit
    B. Contingency
    C. Enhance
    D. Share

90. 다른 프로젝트 팀원 및 이해관계자 보다 문제에 대해서 덜 주장하는 것은 어떤 갈등 해결책인가?

   A. Smoothing
   B. Confronting
   C. Compromising
   D. Forcing

91. 프로젝트 팀이 새로운 네트워크 구성방법에 대해서 논쟁 중이다. 당신은 중간에서 양측 차이를 축소하고 의사소통을 강조하면서 팀을 진정시켰다. 이것은 어떤 갈등 해결책인가?

   A. Smoothing
   B. Withdrawing
   C. Compromising
   D. Forcing

92. 프로젝트에서 인력 자원에 대한 가용 혹은 유효하지 못한 사항을 정의하는 Project Management Plan 중의 하나는 무엇인가?

   A. Resource management plan
   B. staffing management plan
   C. Resource calendar
   D. Communication management plan

93. 인간 행동의 세가지 유형 즉, 성취, 친교, 권력 욕구 의 이론에 대한 설명은 다음 중 무엇인가?

   A. Maslow's Hierarchy of Needs
   B. McClelland's Theory of Needs
   C. Hertzberg's Theory of Motivation
   D. Ouchi's Theory Z

94. 위생요인에 대한 이론은 무엇인가?

   A. Maslow's Hierarchy of Needs
   B. McClelland's Theory of Needs
   C. Hertzberg's Theory of Motivation
   D. Ouchi's Theory Z

95. 근무 시간을 초과해서 작업하는 일정 단축 기법은 무엇인가?
    A. Resource Leveling
    B. Crashing
    C. Lag time
    D. Fast Tracking

96. 프로젝트 전체 일정을 조정하는 활동을 무엇이라고 하는가?
    A. Perform crashing
    B. Perform resource leveling
    C. Perform fast tracking
    D. Perform schedule variance

97. 프로젝트 마지막 단계에 프로젝트 Audit, Confirm, 요구사항 이전 관련 등은 어느 정보에서 발견되는가?
    A. Scope management
    B. Organizational process assets
    C. Historical Information
    D. Project management plan

98. 프로젝트 Final meeting에서 프로젝트의 잘된 일과 잘못한 일을 최종 확인하는 미팅은 무엇인가?
    A. Project closure
    B. Project Post-mortem
    C. Project team assessment
    D. Lessons learned

99. PM이 프로젝트에 새로운 개발자를 얻었다. 이것은 현재 무슨 프로세스 중인가?
    A. Human resource planning
    B. Acquire Project Team
    C. Develop Project Team
    D. Manage Project Team

100. 다음 중 프로젝트 커뮤니케이션 관리 영역에서 중점을 두어야 하는 항목을 4개 고르시오.

   A. Report Performance
   B. Distribute Information
   C. WBS
   D. Identify Stakeholders
   E. Frequency

Final Test 예상문제 A형 답안

1	2	3	4	5	6	7	8	9	10
A	B	D	B	C	C	B	A,B,C	C	C
11	12	13	14	15	16	17	18	19	20
C	D	A,B,C	A	A	A	A	C	C	B
21	22	23	24	25	26	27	28	29	30
C	A,C,D	A,B,D	D	B	A	A	C	C	A
31	32	33	34	35	36	37	38	39	40
C	D,F,G	A	B	A	A	C	B	C	A
41	42	43	44	45	46	47	48	49	50
B	A	A	B	D,E	D	D	B	A,B	B,C,F
51	52	53	54	55	56	57	58	59	60
A	B	D	C	C	B,D	B	C	A	A,C,E
61	62	63	64	65	66	67	68	69	70
C	A	C	A	D	A	B	A	B	D
71	72	73	74	75	76	77	78	79	80
B	A	D	B	A	A	A	D	A	D
81	82	83	84	85	86	87	88	89	90
C	A	C	B	A	C	B	C	A	B
91	92	93	94	95	96	97	98	99	100
A	C	B	C	B	B	B	B	B	A,B,D,E

Final Test 예상문제 A형 해설

1. 정답 : A

    해설 공식적인 승인을 득한 Project Charter에 명시되어 있는 내용을 참조해서 Resource 에 대한 이슈를 해결한다.

    참조 1.2.1 프로젝트 헌장 작성

2. 정답 : B

    해설 Project Charter는 상위 관리자에게 승인을 받는 문서로서, 이 승인과정을 통해, 일정 및 자원의 할당이 승인된다고 보면 된다.

    참조 1.2.1 프로젝트 헌장 작성

3. 정답 : D

    해설 위 상위 임원의 주관적인 요구사항 및 그에 따른 처리 리스크을 안고 있음. 따라서, 이 고객의 요구사항을 성취하기 위해서는 주관적인 요구사항이고, 이 요구사항을 적용한다면, 상위 레벨의 위험을 포함한다. 이 경우 위험에 대한 대응 방안으로 해결한다.

    참조 4.4.8 위험관리

4. 정답 : B

    해설 Stakeholder Register는 이해관계자를 식별하여 저장하는 문서를 말한다.

    참조 2.7 프로젝트 의사소통 관리

5. 정답 : C

    해설 Communication Management는 프로젝트 9개 지식 관리 영역에서, 고객과 프로젝트 팀과의 주간보고서, 월간보고서, 수시 미팅을 어떻게, 주 몇 회 등의 의사소통을 정의하는 관리 영역이다.

    참조 2.7 프로젝트 의사소통 관리

6. 정답 : C

    해설 Business Case를 통하여, 프로젝트의 진행 가치 및 수행 목적을 판단한다.

    참조 1.1.4 프로젝트 타당성 검증

7. 정답 : B

해설 프로젝트 Stakeholder의 유형은 다음 4가지 이다. 그 중에서 프로젝트에 부정적인 Stakeholder는 Negative Stakeholder이다.

Stakeholder의 유형	설명
Positive Stakeholder	프로젝트에 긍정적인 정보 및 지지를 하는 Stakeholder 유형
Negative Stakeholder	프로젝트를 반대하고 비판하는 Stakeholder 유형
Combative Stakeholder	전투적인 Stakeholder 유형
Threatened Stakeholder	협박하거나 위협적인 Stakeholder 유형

참조 3.7 의사소통 수행

8. 정답 : A, B, C

해설 Cost Management는 프로젝트 원가를 산정 → 프로젝트 예산 결정 → 프로젝트 원가 통제하는 프로세스 단계를 수행한다. 따라서, Cost assumption(추정)는 비용 관리 영역에 포함되지 않는다.

참조 2.4 원가 계획

9. 정답 : C

해설 프로젝트는 충분한 자원과 일정으로 진행하는 경우는 드물다. Project Constraint (프로젝트 제한)은 비용과 일정 등의 제한 사항들을 가지고 있다.

참조 2.3 일정계획

10. 정답 : C

해설 프로젝트 가정은 사전적인 의미로, 사실이 아니거나, 또는 사실일지라도 분명하지 않는 경우 임시로 인정한다는 것이다. 그래서, 프로젝트 초기의 가정은 잠재적인 위험을 가지고 있는 경우가 많다. 문제 14번의 제약조건과 가정에 대한 구분에 대해 명확히 이해하기 바란다.

참조 2.3 일정계획

11. 정답 : C

해설 보통 프로젝트의 가장 긴 구간은 프로젝트 실행단계이다. 비교하여, 프로젝트의 요구사항 확인 및 반복적인 주기를 수행하는 단계는 Planning 이다.

참조 3. 프로젝트 실행 및 인도

12. 정답 : D
    해설 Rule of Seven: 관리도(Control Chart; 통제도)에서 시간의 흐름에 따라 프로세스가 어떻게 동작하는지를 보여준다. 즉 일곱 개의 연속된 결과가 특정한 패턴을 보이는 경우를 말하며, Out of Control 에 해당한다.
    참조 2.5 품질 관리

13. 정답 : A, B, C
    해설 Release of Project team members의 경우는 프로젝트의 팀원을 Release(해체)하는 것으로 프로젝트의 종료 프로세스이다.
    참조 4. 프로젝트 변경 통제 및 의사 소통

14. 정답 : A
    해설 Scope 검증은 프로젝트 과업을 완수했는지 인도물(Deliverables)을 확인하는 과정이다. 이 과정을 통하여, Formal Acceptance Process를 수행하는 것이다.
    참조 4.2.2 범위 검증

15. 정답 : A
    해설 Scope Verification을 통하여, 고객과의 공식적인 승인을 받는 활동이다.
    참조 4.2.2 범위 검증

16. 정답 : A
    해설 프로젝트 스폰서는 프로젝트 관리자의 상위 Manager이다. 더불어, PM의 진행을 승인하는 관리자이므로, 각 단계에서 Planning Phase 단계에 가장 큰 영향을 준다고 판단해야 한다.
    참조 1.1.1 프로젝트 관리 정의

17. 정답 : A
    해설 Statement of work는 작업기술서라는 의미로, 요구사항을 기술하는 문서이다. 따라서 요구사항기술은 프로젝트 계획 단계에 작성이 되므로, Planning Phase 에 만들어진다고 판단한다.

참조 1.1.2 프로젝트 생명 주기, 1.2.1 프로젝트 헌장 작성

18. 정답 : C
해설 Scope Verification을 통하여, 1차적인 목적은 산출물에 대한 고객과의 공식적인 승인을 받는 목적(프로젝트 인도물 승인) 이다.
참조 4.2.2 범위 검증

19. 정답 : C
해설 기업에서 모든 프로젝트의 승인, 투자대비 효과, 프로젝트의 유효성을 판단하는 위원회를 Portfolio review board라고 부르며, 프로젝트 관리 조직을 PMO라 부른다.
참조 1.1.3 프로젝트 조직 구조

20. 정답 : B
해설 프로젝트 Stakeholder identification process에 나오는 산출물 혹은 결과 문서를 Stakeholder registry(이해당사자 등록부)라 부르며, 이해당사자의 목록 및 역할 등을 기록한다.
참조 1.1.1 프로젝트 관리 정의

21. 정답 : C
해설 당신이 프로젝트를 수행한 것처럼, 다른 프로젝트 관리자는 책임을 지고 이 프로젝트를 수행해야 한다. 즉 냉정한 처신을 유지토록 한다.
참조 4.2.2 범위 검증

22. 정답 : A, C, D
해설 WBS(Work Breakdown Structure)는 각 인도물을 통해, 일정과 비용을 파악할 수 있으며, 동일한 포맷으로 작성되고, 프로젝트 관리 툴의 제일 중요한 요소 중의 하나이다. WBS는 요구사항 변경 및 추가로 인해 프로젝트 관리자에 의해 수정될 수 있다.
참조 2.2.2 WBS 작성

23. 정답 : A, B, D
해설 Scope 지식영역은 WBS를 작성하고, 범위 통제, 범위 검증하는 프로세스를 수행한다. 더불어, 공급업체를 선정하는 공급자 선정(Selection)은 Procurement Knowledge Area

이다.

참조 2.2.2 WBS 작성, 4.2.1 변경 관리, 4.2.2 범위 검증, 3.5.1 공급자 선정

24. 정답 : D

해설 WBS Dictionary(작업분류체계사전)은 작업의 관리 코드, 설명, 산출물, 연관된 작업 등의 정보를 담고 있는 프로젝트 사전이다.

참조 2.2.2 WBS 작성

25. 정답 : B

해설 프로젝트 조직을 상하 계층적으로 Depiction(묘사)하여 작업 패키지가 관련된 팀을 알게해 주는 문서는 Organizational Breakdown Structure (OBS)라고 부른다. OBS는 의미는 A global hierarchy that represents different levels of responsibilities within a project or enterprise

참조 2.6.1 프로젝트 팀 생성

26. 정답 : A

해설 Project Management Life Cycle은 Project Life Cycle의 5단계 프로세스 단계에 대한 보편적인 관리 주기이다.

참조 1.1.2 프로젝트 생명 주기

27. 정답 : A

해설 Working Hours, Government sanctions, Human resource policies 등은 고려 대상이다. 그러나 Templates은 프로젝트 인도물에 대한 템플릿이지, 프로젝트 진행 시의 고려 사항은 아니다.

참조 2.7.1 의사소통 계획 수립

28. 정답 : C

해설 PM에 대한 상황 문제로서, 프로젝트의 요구사항추가, 변화에 대해, Scope, time, cost baseline을 증가하고, 이를 합리적으로 반영하는 경우이다.

참조 4.2.1 변경관리

29. 정답 : C
    해설 프로젝트 커뮤니케이션에 대한 문제로서, 글로벌 시간대, 기술적인 장벽, 커뮤니케이션 변경 방법 등은 필수 고려사항이지만, 변경관리 이슈는 프로젝트 관리 이슈이다.
    참조 4.6.2 특수한 의사소통

30. 정답 : A
    해설 프로젝트 매니저는 평균적으로 자신의 시간에 대부분을 프로젝트 범위 명세서 작성, 개발 프로젝트 기획 활동, WBS, 일정, 예산, 프로젝트 계획 등을 수행하는데 보낸다.
    참조 1.1.3 프로젝트 조직 구조

31. 정답 : C
    해설 SPI = EV / PV 이므로 81 / 85 = 0.95.
    참조 4.4.1 획득 가치 관리

32. 정답 : D, F, G
    해설 SPI 프로젝트 헌장은 주요 프로젝트 산출물, 이해관계자의 목록, 프로젝트 접근법 등의 요소가 포함되어야 한다. B는 프로젝트 선택 방법이며, E는 기획 프로세스 그룹의 일부이다.
    참조 4.4.1 획득 가치 관리

33. 정답 : A
    해설 인적자원, 장비, 자재 및 각 공급물에 대한 수량을 계획하는 단계는 자원계획 단계이다.
    참조 2.6 자원 계획

34. 정답 : B
    해설 RFP (request for proposal), RFQ (request for quote), IFB (invitation for bid)는 업체를 선정할 때 사용하는 문서이다.
    참조 2.9.1 조달 계획 수립

35. 정답 : A
    해설 사후분석(Post Mortem)은 취소 또는 조기 종료 되는 모든 프로젝트에 대해 수행 되어야 한다. Post project review는 성공적인 프로젝트 종료 시 실시하고 Lessons learned과

Project closeout는 수행한 프로젝트에 대해 모두 수행한다.

참조 5.1.1 프로젝트 종료 및 단계 종료

36. 정답 : A

해설 품질 통계, 품질 검사 목록 및 종료 기준은 품질 계획에서 정의된다.

참조 2.5.1 품질 계획 수립

37. 정답 : C

해설 현금 흐름 기법은 투자원금을 회수할 때까지의 기간을 추정하는 Payback period estimate 이다.

참조 4.4 원가 통제

38. 정답 : B

해설 VAC = BAC - EAC, 90 - 91 = -1

참조 4.4.1 획득 가치 관리

39. 정답 : C

해설 프로젝트 산출물을 분해 하는 단계에서 작성하는 문서는 작업 분류 체계(WBS)이다.

참조 2.2.2 WBS 작성

40. 정답 : A

해설 Parametric estimates 는 정량적 기준의 추정이며 일반적으로 시간 수량을 곱하여 계산된다.

참조 2.4.1 원가 관리 요소 식별

41. 정답 : B

해설 3점 추정 방식을 이용하여

$$\frac{3+(4\times5)+13}{6} = 6$$

참조 2.4.1 원가 관리 요소 식별

42. 정답 : A
해설 각 공정 중 기간이 가장 긴 경로인 A-D-H가 주 경로(Critical path)이다.
참조 2.3.4 프로젝트 일정 수립

43. 정답 : A
해설 Parametric estimates 는 정량적 기준의 추정이며 일반적으로 시간 수량을 곱하여 계산된다.
참조 2.4.1 원가 관리 요소 식별

44. 정답 : B
해설 일반적으로 Lessons learned는 프로젝트 구성원이 작업을 적절하게 수행하지 않은 것처럼 여겨질까 프로젝트 보존 기록으로 포함하지 않으려고 하는 경향이 있다. 이후 유사한 프로젝트가 진행되는 경우 Lessons learned를 검토하여 시행착오를 줄일 수 있기 때문에 과거 수행했던 프로젝트의 잘한 일과 잘못한 일에 대한 교훈을 문서화 하는 것은 중요하다.
참조 5.2.1 조달 종료

45. 정답 : D, E
해설 품질 실패 비용은 내부(Internal) 실패 비용과 외부(External) 실패 비용이다. Cost of Poor Quality는 품질 문제로 인해 기업에서 지불하는 비용이므로 실패비용에 해당한다.
참조 2.5.1 품질 계획 수립

46. 정답 : D
해설 Graphical evaluation and review technique (GERT) 는 프로젝트 일정에서 조건부 루프를 허용한다.
참조 2.3.4 프로젝트 일정 수립

47. 정답 : D
해설 Labor union agreements 는 인적자원 계획 시 고려해야 할 제약사항이다.
참조 2.6.2 인적 자원 관리 계획

48. 정답 : B

   해설 SV = EV - PV, 81 - 85 = -4

   참조 4.4.1 획득 가치 관리

49. 정답 : A, B

   해설 다국적 기업인 경우 각 지역의 문화와 특성을 충분히 고려하여 조직 구성을 계획해야 한다. 가장 간과하기 쉬운 항목은 전통적인 기념일이나 국경일 등이 있다.

   참조 2.7.1 의사소통 계획 수립

50. 정답 : B, C, F

   해설 일반적으로 유지보수는 프로젝트가 아니기 때문에 프로젝트가 가지는 특성인 유일한 제품이나 서비스가 아니다.

   참조 1.1.1 프로젝트 관리 정의

51. 정답 : A

   해설 프로젝트 범위기술서는 프로젝트가 올바르게 구성되고 프로젝트 관리자와 팀 구성원을 지원하기 위해 프로젝트 전반에서 사용되는 문서이다. 또한 프로젝트 범위 변경 요청에 대한 수용 결정을 할 때 사용된다.

   참조 2.2.1 범위 문서 준비

52. 정답 : B

   해설 사용자의 변경 요청에 따른 영향이 적은 대안을 이해관계자와 트레이드 오프를 분석하여 결정한다.

   참조 4.2.1 변경 관리

53. 정답 : D

   해설 프로젝트에 대한 취소 권한은 스폰서가 가지고 있기 때문에 현재 상황에 대해 보고하고 요청 내용을 전달한다.

   참조 1.1.1 프로젝트 관리 정의

54. 정답 : C

   해설 프로젝트 실행 단계의 프로젝트 관리자는 진행되고 있는 프로젝트 작업의 진척도와 예산, 소요 비용, 비용 대비 성과 등에 대한 관리가 요구된다.

참조 3.1.1 프로젝트 관리 실행

55. 정답 : C
   해설 발생할 수 있는 이슈사항들에 대해 가능한 한 파악하고 팀 내 또는 개인적인 이슈사항을 해결할 수 있는 방법을 모색한다.
   참조 3.1.1 프로젝트 관리 실행

56. 정답 : B, D
   해설 프로젝트 검증 단계에서는 비즈니스 케이스를 검증하고 이해 관계자를 식별하고 분석하는 활동을 수행한다.
   참조 1.3 의사소통 준비

57. 정답 : B
   해설 프로젝트 팀을 해체하는 단계는 Adjourning이다 다른 팀 개발 단계는 forming, storming, norming, performing 이다.
   참조 2.6.1 프로젝트 팀 생성

58. 정답 : C
   해설 Lessons learned를 작성할 때는 공식적인 절차로서의 세션을 구성하고 성공요소와 실패 요소를 식별하여 정리 할 수 있도록 공식적인 활동으로 수행한다.
   참조 5.1.1 프로젝트 종료 및 단계 종료

59. 정답 : A
   해설 이슈를 원만하게 해결하기 위해 이슈에 대한 정확한 이해와 협업 기반으로 이슈 해결 방안을 모색하도록 한다.
   참조 3.1.1 프로젝트 관리 실행

60. 정답 : A, C, E
   해설 경제 분석 모델은 discounted cash flow, NPV, IRR 등이 있고 비용 편익 분석에는 cost-benefit analysis, scoring model, payback period 등이 있다.
   참조 4.4 원가 통제

61. 정답 : C

    해설 계획 단계가 종료되면 실행(Executing) 단계가 시작된다.
    참조 3.1 통합 관리 실행

62. 정답 : A

    해설 Project network diagram(PND)은 프로젝트 시작부터 완료까지 활동들을 가시화 한다.
    참조 2.3.2 활동 순서 배열

63. 정답 : C

    해설 20%달성에 대한 최초 예산은 2억5천만원 * 20%는 5천만원이므로 EV는 5천만원이 된다.
    참조 4.4.1 획득 가치 관리

64. 정답 : A

    해설 CCB(change control board)는 프로젝트 범위 변경사항을 검토하고 결정한다.
    참조 4.1.1 프로젝트 통합 관리 감시 통제 및 통제 수행

65. 정답 : D

    해설 Iron Triangle의 요소는 Scope, Time, Cost이다.
    참조 2.8.1 리스크 관리 계획

66. 정답 : A

    해설 Pre-project 셋업 프로세스는 프로젝트의 요구사항을 정의하고 프로젝트 스폰서가 프로젝트 헌장(charter)를 작성하는데 도움을 준다.
    참조 1.0 프로젝트 사전 준비/착수

67. 정답 : B

    해설 품질은 프로젝트에서 계획되어야 한다. 품질계획이 없으면 프로젝트는 제공해야 하는 특정 요구사항을 가지고 있지 않을 것이다.
    참조 2.5.1 품질 계획 수립

68. 정답 : A

    해설 Progress 보고서는 프로젝트 관리자가 팀의 작업을 추적하게 하고 프로젝트 상황을 확인

하도록 해준다.

참조 4.6.1 성과 보고

69. 정답 : B

해설 각 조직 관리자들과의 관계 형성은 프로젝트에 지속적인 지원을 보장하게 하는 좋은 방법이다.

참조 1.1.3 프로젝트 조직 구조

70. 정답 : D

해설 위생요인은 욕구 충족이 되지 않을 경우 불만족을 초래하는 것이다.

참조 3.3.2 프로젝트 팀 관리

71. 정답 : B

해설 프로젝트가 취소되더라도 프로젝트 관리자와 수행조직은 그 시점까지의 범위 검증을 완료해야 한다. 그리고 결과는 문서화해야 한다.

참조 5.1.1 프로젝트 종료 및 단계 종료

72. 정답 : A

해설 프로젝트 인수 동의를 고객이 승인하는 것이 인도물의 공식 승인을 나타낸다.

참조 5.1.1 프로젝트 종료 및 단계 종료

73. 정답 : D

해설 Post-project audit은 팀의 효율성, 프로젝트 성공, 산출물 검토 등 프로젝트에서 작업의 모든 사항에 대한 정보를 포함한다. 남은 예산에 대한 검토는 포함되지 않는다.

참조 5.2.1 조달 종료

74. 정답 : B

해설 이해관계자는 프로젝트에서 만든 인도물에 영향을 받는 사람과 그룹이다.

참조 1.1.1 프로젝트 관리 정의

75. 정답 : A

해설 당신의 프로젝트에 호의적이지 않으므로 부정적(negative) 이해관계자이다.

참조 1.3.1 이해 관계자의 식별과 분석

76. 정답 : A

해설 기능적 환경(functional environment)은 프로젝트 권한을 프로젝트 관리자 보다 조직 관리자(functional manager)에게 부여한다. 기능조직은 프로젝트를 수행하기 위해 그들의 부서 내에서 자원을 사용한다.
Matrix구조는 조직을 가로질러 자원을 사용한다. Projectized 환경은 프로젝트 팀원은 한 프로젝트에서만 일하도록 하고 프로젝트 관리자가 프로젝트의 책임을 가지고 있다. Composite 구조는 프로젝트 조직 유형의 혼용이다.

참조 1.1.3 프로젝트 조직 구조

77. 정답 : A

해설 Projectized 구조는 프로젝트 팀원이 다음에 어떤 곳에 투입될지 알 수 없기 때문에 프로젝트 종료시점에 가장 불안해하는 구조이다.

참조 1.1.3 프로젝트 조직 구조

78. 정답 : D

해설 Coercive 권한은 Penalty 권한으로 알려져 있다.

참조 2.6.2 인적 자원 관리 계획

79. 정답 : A

해설 자아실현(Self-actualization)은 개인 욕구의 최고점이다.

참조 3.3.2 프로젝트 팀 관리

80. 정답 : D

해설 이전 프로젝트의 Analogous 추정이다. Analogous 추정은 Top-down 추정의 형태이다.

참조 2.3.3 활동 기간 산정

81. 정답 : C

해설 매개변수를 사용할 때 어떤 단위당 가격처럼 parametric 추정을 한다.

참조 2.4.1 원가 관리 요소 식별

82. 정답 : A
   해설 Earned value management는 의사소통의 방법을 제공하지는 않는다. EVM은 의사소통을 해야 할 대상이 된다.
   참조 3.4.1 정보 배포

83. 정답 : C
   해설 인도물을 세분화 하는 것은 프로젝트에서 분해(Decomposition)라고 한다.
   참조 2.2.2 WBS 작성

84. 정답 : B
   해설 자원을 할당할 때 확인해야 할 사항은 자원 가용성이다.
   참조 2.3.4 프로젝트 일정 수립

85. 정답 : A
   해설 MFO(Must Finish On)는 강한 제약조건이다. ASAP (As soon as possible), ALAP (As late as possible), SNET (Start no early than)
   참조 2.3.4 프로젝트 일정 수립

86. 정답 : C
   해설 Project staffing management plan은 Project Team resource를 언제, 어떻게 Release 하는 management plan을 포함하고 있다.
   참조 2.1.1 프로젝트 관리 계획서 개발

87. 정답 : B
   해설 활동목록은 WBS 작성 이후에 작성된다. WBS의 작업패키지는 순서에 따라 수행할 활동들을 분해한 것이다.
   참조 2.3.1 활동 정의

88. 정답 : C
   해설 제3자에게 리스크의 책임을 이동시키는 것은 전가(Transfer) 이다.
   참조 2.8.3 리스크 대응 계획

89. 정답 : A

해설 긍정적 리스크 대응계획은 다음과 같다.

대응기법	설명
활용(Exploit)	긍정적 리스크를 활용하는 것으로 처음 계획한 것보다 낮은 원가를 제공하거나 완료 시간을 단축하기 위해 유능한 자원을 할당하는 조치가 포함됨
공유(Share)	프로젝트에 유익할 기회를 가장 잘 포착할 수 있는 제3자에게 기회 소유권 또는 전부를 공유하는 일이 수반하는 방법
강화(Enhance)	기획의 확률 및 긍정적 영향을 증가 시키기 위한 전략으로 긍정적 영향을 미치는 리스크의 주요 요인을 식별하여 극대화 하기 위한 전략
수용(Acceptance)	기회 수용은 수반된다면 활용은 하지만 적극적으로 추구 하지는 않은 방법

참조 2.8.3 리스크 대응 계획

90. 정답 : B

해설 Confronting은 문제에 대해서 덜 다투면서 해결책을 찾는 직접적인 방법이다. 이 방법은 양측에 win-win 해결책을 고려하게 된다.

참조 3.3.2 프로젝트 팀 관리

91. 정답 : A

해설 Smoothing은 이슈를 대단치 않게 생각하고 공통관심사로 집중시켜 논쟁을 진정시키려고 시도한다.

참조 3.3.2 프로젝트 팀 관리

92. 정답 : C

해설 Resource calendar(자원 일정표)는 Resource에 대한 자원명, 자원 유형, 가용일, 필요한 역량, 기간별 가용시간 등을 표시한 일정표이다.

참조 3.3.2 프로젝트 팀 관리

93. 정답 : B

해설 McClelland(맥클러랜드)'s Theory of Needs 은 인간 행동의 세 가지 유형 즉, 성취, 친교, 권력 욕구 이론에 대한 설명이다. 암기 힌트로 '맥삼'이라고 암기하면 된다.

참조 3.3.2 프로젝트 팀 관리

94. 정답 : C
    해설 위생 요인과 동기 요인에 대한 이론은 Hertzberg's Theory 이다.
    참조 3.3.2 프로젝트 팀 관리

95. 정답 : B
    해설 Crashing은 근무 시간을 초과해서 작업하는 일정 단축 기법이다.
    참조 4.3.1 일정 통제

96. 정답 : B
    해설 Resource leveling (자원 평준화) 은 프로젝트 전체 일정을 조정하는 활동이라고 한다.
    참조 4.3.1 일정 통제

97. 정답 : B
    해설 프로젝트 마지막 단계에 프로젝트 Audit, Confirm, 요구사항 이전 관련 등은 기업의 Organizational process assets(조직의 프로세스 자산)에 따라 수행된다.
    참조 5.1.1 프로젝트 종료 및 단계 종료

98. 정답 : B
    해설 Project Post-mortem은 프로젝트 Final meeting에서 프로젝트의 잘된 일과 잘못한 일을 최종 확인하는 미팅이다. 여기서의 결과가 Lessons learned 대상이 된다.
    참조 5.1.1 프로젝트 종료 및 단계 종료

99. 정답 : B
    해설 Acquire Project Team은 프로젝트 팀원을 구하는 프로세스이다. 'Obtaining the human resources'라고 영문으로 정의함.
    참조 3.3.1 프로젝트 팀 획득

100. 정답 : A, B, D, E
    해설 보기 중에서 C는 Project Scope Management 영역이다. 그 외 항목은 모두 프로젝트 커뮤니케이션 관리 영역에서 고려를 해야 하는 항목이다.
    참조 2.7 프로젝트 의사소통 관리

Final Test 200제 B형

1. 프로젝트 범위 문서를 작성하고 있다. 이 문서에 포함해야 할 것이 아닌 것은 무엇인가?

    A. Scope boundaries

    B. Work breakdown structure

    B. Constraints

    C. key performance indicators

2. 마일스톤(milestone)은 무엇인가?

    A. 프로젝트 헌장

    B. 프로젝트 목표

    C. 일정준수 및 예산절감 시 받는 인센티브

    D. 프로젝트의 내의 이벤트, 업적, 날짜

3. 일정추정을 하기 위해서 PERT 를 사용할 수 있다. PERT는 무엇인가?

    A. 시간의 평균은 업계 표준을 사용한다.

    B. 시간의 평균은 과거 프로젝트 작업을 근거로 구한다.

    C. 시간의 가중평균을 낙관적, 비관적, 예상기간으로 구한다.

    D. 시간의 평균은 전문가 판단으로 구한다.

4. 프로젝트 헌장(charter)은 무엇인가?

    A. 프로젝트 자원, 예산, 목표를 부여하기 위해 권한을 가진 관리자로부터 승인 받은 문서

    B. 프로젝트 계획을 이행하기 위한 스폰서의 승인문서

    C. 프로젝트 마일스톤

    D. 프로젝트 이행 세부 계획

5. 다음 중 프로젝트가 아닌 것은 무엇인가?

    A. 조직에 사용하는 새로운 어플리케이션을 개발

    B. 조직에 사용하는 새로운 웹사이트를 설계

    C. 조직에 사용하는 소프트웨어 업데이트를 유지

    D. 조직에 사용하는 새로운 네트워크를 설치

6. 활동목록(activity list)을 작성하는데 다음 중 어떤 요소들이 도움을 주는가?

   A. WBS

   B. 프로젝트 헌장

   C. 위험 관리 계획서

   D. EV (Earned value)

7. 다른 부서로부터 팀원들을 데려오는데 프로젝트 관리자의 제한적인 권한이 있는 것은 어떤 조직모델인가?

   A. Projectized

   B. Balanced matrix

   C. Weak matrix

   D. Functional

8. 프로젝트관리자에게 최고 권한을 부여하는 것은 어떤 조직 유형인가?

   A. Functional

   B. Balanced matrix

   C. Strong matrix

   D. Projectized

9. Projectized 조직의 특징 중 틀린 것은 무엇인가?

   A. 조직관리자는 프로젝트 팀의 상위 권한을 가지고 있다.

   B. 프로젝트 팀은 풀 타임으로 프로젝트에 참여한다.

   C. 의사소통 요구가 감소한다.

   D. 프로젝트 관리자는 프로젝트 팀의 상위 권한을 가지고 있다.

10. 당신은 데이터베이스에 대해 많은 경력이 있는 PM이다. 프로젝트 팀은 당신에게 현재 수행중인 프로젝트에서 데이터베이스에 대해서 기술자문을 기대하고 있다. 어떤 프로젝트 관리 권한(project management power)을 사용해야 하는가?

    A. Reward

    B. Expert

    C. Formal

    D. Referent

11. IT 프로젝트 관리자가 대화가 어려운 기능 조직 관리자를 대응하기 위한 최선의 방법은 무엇인가?
   A. 상위 관리자에게 문제를 보고한다.
   B. 관리자를 무시한다.
   C. 관리자와 모든 의사소통을 문서화 한다.
   D. 해당 기능 조직을 교체하도록 스폰서에 요구한다.

12. 당신의 프로젝트 팀은 많은 기술적인 경험이 있는 당신의 결정을 존중한다. 이것은 무엇에 대한 예인가?
   A. Referent power
   B. Expert power
   C. Formal power
   D. Reward power

13. 최근에 종료한 유사한 다른 프로젝트를 기반으로 현재 프로젝트의 예산을 수립하려고 한다. 이것은 어떤 추정 유형을 사용한 것인가?
   A. Parametric
   B. Bottom-up
   C. PERT estimating
   D. Analogous

14. 경영진은 당신에게 프로젝트 추정을 위해서 optimistic, pessimistic, most likely 를 사용한 것인지를 질문을 하였다. 추정 값을 예측하기 위해서 어떤 방법을 사용한 것인가?
   A. CPM
   B. GERT
   C. Analogous estimate
   D. Three-point estimate

15. 팀원 중 한 명이 승인 받지 않고 문서화 되지 않은 추가적인 요구사항을 가지고 있다. 이것은 무엇에 대한 예인가?
   A. Expert judgment
   B. Gold plating
   C. Scope creep
   D. Value-added change

16. 현재 프로젝트가 완료단계에 있고 프로젝트 예산이 남을 것으로 보인다. 프로젝트가 종료되면 예산의 잔액은 고객에게 돌아갈 것이고, 이것은 회사의 수익에 영향을 미치므로 프로젝트 예산을 사용하기 위해서 몇 가지 산출물을 추가하더라도 예정된 완료일을 맞출 수 있을 것으로 결정하였다. 이것은 무엇에 대한 예인가?

    A. Expert judgment
    B. Gold plating
    C. Scope creep
    D. Value-added change

17. 프로젝트의 활동 목록을 작성하였다. 활동을 완료하는데 할당할 최대시간 및 최소시간은 얼마인가?

    A. 4시간 이상 40시간 이하
    B. 8시간 이상 80시간 이하
    C. 8일 이상 80일 이하
    D. 필요한 만큼 길게

18. 프로젝트 작업에 책임을 할당하고 모든 역할을 식별할 수 있는 도구는 무엇인가

    A. Resource assignment matrix
    B. Responsibility assignment matrix
    C. Balanced matrix
    D. Probability and impact matrix

19. 프로젝트 팀이 계획단계부터 작업을 해왔고 최근에는 프로젝트 작업의 최적의 방법에 대해 서로 논쟁하기 시작했다. 팀 개발의 어떤 단계에 있는가?

    A. Forming
    B. Storming
    C. Norming
    D. Performing

20. 파킨스 법칙은 무엇인가?

    A. 각 작업은 완료를 위해 지정된 모든 시간이 요구하지 않을 것이다.
    B. 각 작업은 완료를 위해 지정된 모든 시간이 요구될 것이다.

C. 각 작업은 처음에 계획한 것 보다 더 많은 시간을 요구할 것이다.

D. 각 작업은 처음에 계획한 것 보다 더 많은 비용을 요구할 것이다.

21. 주 공정경로(critical path)는 무엇인가?

    A. 프로젝트를 종료하기 위해서 완료해야 하는 이벤트의 연속

    B. 프로젝트의 일정 준수를 결정하는 이벤트의 연속

    C. 여유시간 (float) 이 0보다 큰 태스크의 연속

    D. 순서대로 완료해야 하는 이벤트의 연속

22. 계획된 일정보다 일찍 완료되기를 요구 받았다. 당신은 단축된 일정 내 완료하기 위해 자원을 추가 투입하기로 결정하였다. 어떤 사항을 설명하는 것인가?

    A. Crashing

    B. Fast tracking

    B. Schedule compression

    D. Resource leveling

23. 위험 대응 계획을 수립하고 난 뒤에도 남아있는 위험을 무엇이라 하는가?

    A. Risk trigger

    B. Residual risk

    C. Contingency plan

    D. Secondary risk

24. 다음의 리소스 요구 사항 도구 이름은 무엇인가?

Task	Programmer	Infrastructure	Tech writer	DBA	Tester
5.2.1	2	1	1	1	2
5.2.2	1	1	2	1	1

   A. Resource requirement matrix

   B. Responsibility requirement matrix

   C. Responsibility assignment matrix

   D. Resource definition matrix

25. 프로젝트를 수행 시 선행 작업(Task)이 완료된 후에야 다음 작업이 진행될 수 있는 작업 간의 관계는 무엇인가?
    A. External dependency
    B. Discretionary dependency
    C. Mandatory dependency
    D. Logical dependency

26. 프로젝트 스폰서(Project sponsor)의 주요 역할을 두 개 선택하시오.
    A. 프로젝트 헌장 작성
    B. 팀 원을 임명
    C. 프로젝트 헌장 승인 및 사인
    D. 프로젝트에 대한 최종 의사 결정자
    E. 프로젝트 예산 및 일정 개발

27. 프로젝트 팀원 간의 일상적인 협업과 상호작용 방법이 정착되어 팀 멤버 간 존중할 수 있는 환경이 조성되었다. 이는 팀 개발의 어느 단계인가?
    A. Forming
    B. Performing
    C. Norming
    D. Storming

28. 프로젝트 헌장에 대해 Sign Off 하고 난 다음 단계는 무엇인가?
    A. 프로젝트 범위 기술서 작성
    B. kick-off 미팅 개최
    C. 제품 설명서 작성 시작
    D. 프로젝트 가정 및 제약 사항 정의

29. 프로젝트가 일정 기간 동안 수행될 때 특정 리소스를 필요로 하고 가용 하다는 것은 프로젝트 범위 기술서의 어느 요소인가?
    A. Product description
    B. Deliverables
    C. Constraints
    D. Assumptions

30. PMO는 관련 프로젝트 그룹을 관리할 책임이 있다. 이는 어떤 개념에 대한 설명인가?

    A. Program

    B. Life-cycle management

    C. Project management

    D. Process

31. 프로젝트 실행 단계에서 프로젝트 관리자 보다 상위의 의사 결정권자가 자신의 안이 유일한 해결책이라고 강력히 주장하고 있다. 이러한 경우 어떤 유형의 갈등-해결 기법인가?

    A. Confronting

    B. Smoothing

    C. Forcing

    D. Negotiating

32. 과거 유사 프로젝트의 수행 결과를 기반으로 결함 및 오류를 최소화 하기 위한 몇 가지 조정사항을 만들었다. 이는 어떤 도구 및 기법을 사용한 것인가?

    A. Prevention

    B. Histogram

    C. Inspection

    D. Lessons learned

33. 다음 위험 요소 중 계획 단계에서 개발하는 것이 아닌 것은 무엇인가?

    A. Risk response development

    B. Risk quantification

    C. Risk response control

    D. Risk identification

34. 프로젝트 인도물이 완료되어 명백하게 이해관계자들이 만족한 상태로 프로젝트를 종료하게 되는 것을 무엇이라 하는가?

    A. Integration

    B. Starvation

    C. Addition

    D. Extinction

35. 수주자가 대부분의 위험을 감수해야 하는 계약 유형은 무엇인가?

    A. Cost reimbursable

    B. Fixed price

    C. Time and materials

    D. Cost reimbursable plus incentive

36. 프로젝트 관리자를 제외한 프로젝트 이해관계자는 2명이었는데 스폰서 한 명이 더 참여하게 되면 의사소통 채널의 수는 얼마인가?

    A. 3

    B. 4

    C. 5

    D. 6

37. WBS 작성 시 작업으로 분해할 수 있는 가장 하위 레벨은 무엇인가?

    A. Work package level

    B. Task level

    C. Milestone level

    D. Level six

38. 프로젝트 일정 개발 시 zero float 일정을 관리 할 수 있는 방법론은 무엇인가?

    A. Activity sequencing

    B. Logical relationships

    C. CPM

    D. Activity definition

39. PV = 85, AC = 83 그리고 EV = 81 인 경우 CV는 얼마인가?

    A. 0.98

    B. −4

    C. 0.95

    D. −2

40. 계획 단계 프로세스 그룹에 포함되는 중요한 작업은 무엇인가?

    A. 팀 원을 작업에 배정

    B. WBS 작성

    C. 프로젝트 작업을 완료하는데 필요한 자원을 조정

    D. 프로젝트와 시작하는 작업을 승인

41. 리스크에 대한 발생 확률과 영향을 결정하기 전에 반드시 확인해야 할 사항은 무엇인가?

    A. 발생 가능성이 높은 리스크와 관련된 작업패키지의 비용 추정

    B. 위험에 대한 비상 자금 금액 및 가용성

    C. 이해 관계자의 위험 허용 수준

    D. 조직이 미리 정해진 확률 및 영향 평가 매트릭스에 대한 보유 여부

42. 다음 중 매트릭스 조직 유형은 무엇인가? 세 가지를 선택하시오.

    A. Balanced matrix

    B. Functional matrix

    C. Program matrix

    D. Strong matrix

    E. Projectized matrix

    F. Weak matrix

43. 프로젝트의 리스크를 증가시키거나 일정이 추가 될 수 있는 변경 유형은 무엇인가?

    A. Schedule

    B. Scope

    C. Risk

    D. Quality

44. 작업에 대해 추정할 때 낙관치, 비관치, 최적치를 기준으로 추정하는 방식은 무엇인가?

    A. Parametric estimating

    B. Three-point estimating

    C. PERT

    D. Analogous estimating

45. 프로젝트 산출물, 각 계정 코드 식별자, 견적, 자원 그리고 인수 기준 등이 포함되어 있는 문서는 무엇인가?

    A. Project scope statement

    B. WBS dictionary

    C. Scope management plan

    D. Project concept document

46. 품질 관리 계획은 어떤 품질 기준으로 문서화 하는 것인지 3개를 선택하시오.

    A. Quality standards

    B. Exit criteria

    C. Quality audit

    D. Quality checklists

    E. Quality verification

    F. Quality metrics

47. 프로젝트에 대한 비용을 추정하고 비용기준선(Cost baseline)을 설정하는 프로세스는 무엇인가?

    A. Cost estimating

    B. Cost control

    C. Cost budgeting

    D. Resource estimating

48. 예산 책정 과정 동안 프로젝트에 부합되지 않는 알려진 사건의 비용을 충족하기 위해 일정 금액을 별도 예산으로 설정할 수 있는데 이것은 무엇인가?

    A. Management reserves

    B. Prevention costs

    C. Contingency reserves

    D. Control limits

49. 다음 중 프로젝트 관리자의 주된 책임은 무엇인가?

    A. 적절한 프로젝트 자원관리 및 프로젝트 상태에 대한 의사소통

    B. 시간과 예산 한도 내에서 프로젝트 확보

    C. 프로젝트를 통합하고 이해관계자를 만족 시키는 것

    D. 프로젝트 계획을 개발하고 이해 관계자의 승인을 얻는 것

50. 공식적으로 프로젝트 산출물을 수락하고 서명을 고려하는 단계는 무엇인가?

    A. Scope Verification

    B. Project Finalization

    C. Project Closure

    D. Scope Control

51. 제안된 범위 편차에 직면 했을 때 비즈니스의 첫 순서는 어떻게 될 것인가?

    A. 불가하다고 통보한다.

    B. 비용, 자원 및 시간 기준의 편차로 인한 영향을 정량화

    C. 예산 차이를 계산

    D. 변경이 필요한 이유 확인

52. PV = 85, AC = 89, EV = 85, BAC = 90, ETC = 2 인 경우 TCPI?

    A. 92

    B. 87

    C. 91

    D. 5

53. 처음 작업 분류 체계(WBS)를 작성할 때 필요하지 않는 항목은 무엇인가?

    A. 상세한 레벨로 이동하기 전에 산출물의 가장 높은 수준을 정의

    B. 낮은 수준의 각 항목이 상위 수준의 항목인지 아닌지 확인

    C. 모든 작업 구성요소를 순서화

    D. 프로젝트 팀원의 참여

54. 12명이 참석하는 프로젝트 상태회의에 참석하게 되었는데 의사소통채널 수는 몇 명인가?

    A. 12

    B. 66

    C. 72

    D. 60

55. 보통 Nonverbal은 커뮤니케이션에서 몇 %를 차지하는가?

    A. 55%

    B. 30%

    C. 40%

    D. 80%

56. PM이 현재 진행 중인 프로젝트에서 다른 프로젝트 팀에서 활동 중인 팀원을 빼오기 위한 필요한 기술은 다음 중 무엇인가?

    A. Communication

    B. Negotiation and influential

    C. Organizational

    D. Problem solving

57. Herzberg's theory 에서 위생 요인을 없애면, 프로젝트 팀 동기 변화는 어떻게 변화하는가?

    A. 변화 없음

    B. 동기 증가

    C. 목표에 관심 증가

    D. 팀의 Motivation 감소

58. PM이 성과에 대해 프로젝트 팀 멤버와 토론을 할 때, 중점을 두어야 되는 것을 3개 고르시오.

    A. 기대하는 성과에 대해 명확화

    B. 팀 멤버의 Background에 대해 아는 것

    C. 부적당한 성과에 대한 식별

    D. 우수한 성과에 대한 Reward

59. 다음 중 Matrix 환경에서 Resource에 대하여 누가, 어떻게, 어디에 투여할 것인지 결정하는 사람은 누구인가?

    A. 프로젝트에 경험이 가장 많은 사람

    B. Project Manager

    C. Functional Manager

    D. Project Team Resource 본인이 결정

60. 다음 중 일한 것에 대한 보상, 대가에 의해 욕구의 동기를 결정하는 이론은 무엇인가?

    A. Maslow's Hierarchy of Needs
    B. McClelland's Theory of Needs
    C. Hertzberg's Theory of Motivation
    D. Expectancy theory

61. 프로젝트 팀 조화와 융합이 중요할 때, 다음 중 갈등해결 전략은 무엇인가?

    A. Smoothing
    B. Forcing
    C. Compromising
    D. Avoiding

62. 다음 중 프로젝트 연장자라는 이유로 의사 결정을 하는 갈등해결 유형은 무엇인가?

    A. Smoothing
    B. Forcing
    C. Compromising
    D. Avoiding

63. 프로젝트에서 Project Stakeholder가 추가적인 산출물을 요구하였고, PM은 이에 대해 추가적인 비용 수용으로 갈등을 해결하려고 한다. 다음 중 갈등해결 중 무엇인가?

    A. Smoothing
    B. Forcing
    C. Compromising
    D. Confronting

64. Close Project process에서 유일하게 tool and technique에 포함하는 것은 무엇인가?

    A. Expert judgment
    B. Close phase
    C. Close project
    D. Lessons learned documentation

65. Project Team resource를 acquired, trained, reward 하는 프로젝트 management plan 은 무엇인가?

    A. Staffing management plan

    B. Human resource management plan

    C. Cost management plan

    D. Staff acquisition plan

66. Critical Path 상에 activity 를 병렬로 수행하는 것은 무엇인가?

    A. Fast Tracking

    B. Crashing

    C. Lag time

    D. Lead time

67. 다음 중 Floats 가 유용한 것을 모두 고르시오.

    A. Free float

    B. Half float

    C. Total float

    D. Full float

68. 프로젝트 팀에서 팀원과 고객이 불편하게 지내는 경우, 서로 통하기 위해서, 명시하는 문서는 무엇인가?

    A. Project Management plan

    B. Ground rules

    C. Risk register

    D. Stakeholder directory

69. Product의 기능과 요구사항을 변경관리하고 문서화하는 것은 무엇인가?

    A. Configuration management

    B. Change Control system

    C. Scope Change Control system

    D. Integrated change control

70. 프로젝트 비용과 일정이 정해졌다면, 이것을 무엇이라고 하는가?

    A. Risks

    B. Assumptions

    C. Requirement

    D. Constraints

71. 다음 중 프로젝트에서 승인된 범위 변경 요구사항에 대한 설명으로 가장 잘 설명한 것은 무엇인가?

    A. 모든 변경 요구는 프로젝트 비용을 추가하면 안된다.

    B. 모든 변경 요구는 프로젝트 일정을 연기하면 안된다.

    C. 모든 변경 요구는 프로젝트 위험을 추가하면 안된다.

    D. 모든 변경 요구는 프로젝트 품질을 포기하지 말아야 한다.

72. 프로젝트에서 중요한 asset과 Resource를 조직적으로 보호하는 프로세스는 다음 중 무엇인가?

    A. Cost Management Process

    B. Resource Requirement Process

    C. Risk Management Process

    D. Vendor contract administration process

73. 부정적인 Stakeholder와 가장 효과적인 커뮤니케이션 방법은 무엇인가?

    A. Informal Presentation

    B. Documented Review

    C. Face-to-face Meeting

    D. telephone call

74. Closing Process에서 요구사항 등의 조건과 activity 를 볼 때 가장 참조할 수 있는 문서는 무엇인가?

    A. Communication plan

    B. The integration project management plan

    C. Project Contract

    D. Project staffing management plan

75. 프로젝트 완료단계에서 관련된 3개를 고르시오?
   A. Signing off project documents
   B. Archiving of project document
   C. Reviewing of lessons learned
   D. Schedule, cost variance

76. 다음 중 프로젝트 Closing 시에 수행하는 프로세스를 2개 고르시오?
   A. Close Project or Phase
   B. Perform Quality Control
   C. Report Performance
   D. Close Procurements

77. 다음 중 프로젝트 산출물 Review가 최종 완료되고, 다음 단계 혹은 과정을 결정할 때 참조하는 문서는 무엇인가?
   A. Project Management plan
   B. Contract
   C. SOW
   D. Procurement Management plan

78. 다음 중 프로젝트가 중간에 취소가 되면, 어떤 프로세스를 수행해야 하는가?
   A. 전문가 판단
   B. 프로젝트 취소 프로세스
   C. 종료 프로세스
   D. 범위 검증 프로세스

79. 프로젝트 종료 시에 sign off 하는 사람은 무엇인가?
   A. PM
   B. Project team members
   C. Sponsor
   D. End user

80. 프로젝트 종료 시에 마지막 산출물은 무엇인가?

    A. approval
    B. Lessons learned
    C. Feedback
    D. Source CD

81. 프로젝트 관리에서 위험이 실제 발생했을 때, Cost와 Schedule 관리에 적용하기 위한 위한 비용은 다음 중 무엇인가?

    A. Code of accounts
    B. EV
    C. Contingency reserve
    D. Unknown Risk

82. 다음 중 프로젝트 완료 시에 입력물(Input)이 아닌 것은 무엇인가?

    A. Project Management plan
    B. Accepted deliverables
    C. Organizational Process Assets
    D. Scope verification process

83. 프로젝트 matrix 구조에서 팀 구성원을 Release하는 항목을 기술하는 문서는 무엇인가?

    A. Staffing Management plan
    B. Resource calendar
    C. Human resource plan
    D. Project management plan

84. 다음 중 프로젝트와 운영 업무와의 가장 큰 차이를 설명한 것은 무엇인가?

    A. 프로젝트는 5가지의 초기, 계획, 실행, 모니터링 및 관리, 종료의 5단계를 수행함.
    B. 프로젝트는 조직과 고객에게 서비스를 제공함.
    C. 프로젝트는 유일한 Product과 Service을 만들어 조직과 고객에게 제공한다.
    D. 프로젝트는 짧은 기간 동안, 유일한 Product과 Service를 만들어 낸다.

85. 프로젝트 팀원을 프로젝트에서 해당 기능구조로 누가 되돌아가게 하는가?
    A. 프로젝트 관리자
    B. 프로젝트 팀
    C. 조직 관리자
    D. 프로젝트 스폰서

86. 프로젝트 헌장의 목적은 무엇인가?
    A. 스폰서에게 프로젝트 계획을 공유하기 위해서
    B. 프로젝트의 마일스톤을 공유하기 위해서
    C. 프로젝트 스폰서의 승인 받기 위해서
    D. 프로젝트 계획을 문서화 및 발표하기 위해서

87. 왜 프로젝트 관리자는 가정을 문서화하고 확인해야 하는가?
    A. 가정은 비용에 영향을 준다.
    B. 가정은 실패에 대한 비상계획이다.
    C. 가정은 비용, 일정, 품질에 영향을 준다.
    D. 가정은 프로젝트 관리자에게 프로젝트를 기각하는 기회를 부여한다.

88. predecessors, successors와 milestones 에 따라서 작업의 수평적인 일정 기간을 보여 주는 것은 무엇인가?
    A. PERT
    B. Gantt
    C. Milestone chart
    D. Pareto chart

89. 프로젝트 PM으로서 주간 미팅 일정을 잡을 예정이다. 다음 중 프로젝트 주간미팅 일정을 잡을 때 참조하는 일정표는 무엇인가?
    A. Project calendar
    B. Project schedule
    C. Resource Schedule
    D. Resource calendar

90. Grade는 무엇인가?

    A. 요구사항 이행 수준

    B. 인수 기준

    C. 자재의 순위

    D. 품질과 유사의미

91. 과거 프로젝트와 현재 프로젝트의 품질결과를 비교하고 있다. 품질성과를 어떤 기법으로 측정하고 있는가?

    A. Earned value management

    B. Benchmarking

    C. Critical path method

    D. Inspection

92. 프로젝트 관리자는 언제 품질을 가장 통제해야 하는가?

    A. Planning processes

    B. Executing processes

    C. Control processes

    D. Closing processes

93. 프로젝트에 긍정적인 정보 및 지지를 하는 Stakeholder는 무슨 타입인가?

    A. Positive Stakeholder

    B. Negative Stakeholder

    C. Combative Stakeholder

    D. Threatened Stakeholder

94. PV = 85, AC = 83, EV = 81 인 경우 CPI?

    A. 0.98

    B. -3

    C. 0.95

    D. -2

95. 예산이 2억5천만원이고 10개월내에 완료하여야 한다. 현재 4개월째에 20% 달성하였고 7천5백만원을 사용하였다. CV(cost variance)는 어떻게 되는가?
    A. -1억원
    B. -7천5백만원
    C. -5천만원
    D. -2천5백만원

96. 다음 중 비준수비용(Cost of nonconformance)의 예는 무엇인가?
    A. Wasted materials
    B. 새로운 기술 습득을 위한 팀원의 교육
    C. 성능을 개선하기 위한 장비 도입
    D. 프로젝트 작업을 완료하기 위한 초과근무

97. 획득가치(earned value)는 무엇인가?
    A. 회사의 가치
    B. 프로젝트의 가치
    C. 회사에서 수행한 작업의 가치
    D. 회사에 누적된 프로젝트의 가치

98. 실제원가(actual cost)는 어떻게 계산되는가?
    A. 프로젝트와 관련된 업체와 계약금액의 합계이다.
    B. 프로젝트 계획 시 단계별 산정한 예산의 합계이다.
    C. 프로젝트에 투입한 인력이 일한 시간의 비용의 합계이다.
    D. 프로젝트가 상품이나 서비스에 지불한 합계와 프로젝트에서 일한 시간의 비용의 합계의 합산이다.

99. 프로젝트 종료 시 교훈(lessons learned) 문서를 취합하는 목적은 무엇인가?
    A. 기간 동안 프로젝트 팀과 관리자가 학습한 새로운 정보를 분석하기 위해서
    B. 프로젝트 관리자가 실수한 것을 분석하기 위해서
    C. 프로젝트 팀원의 평가를 위해서
    D. 고객의 공식적인 승인을 획득하기 위해서

100. 항상 프로젝트 관리자는 왜 사후 프로젝트 감사를 만들어야 하는가?

    A. 프로젝트 관리자와 경영진에게 프로젝트가 조직에 제공한 가치를 보게 해준다.

    B. 프로젝트 완료 후에 프로젝트 관리자의 성과를 높여준다.

    C. 향후 다른 프로젝트에 추가 투자를 잘 받도록 해준다.

    D. 팀원의 공정한 개인성과 평가를 통해 보상을 받도록 해준다

Final Test 예상문제 B형 답안

1	2	3	4	5	6	7	8	9	10
B	D	C	A	C	A	C	D	A	B
11	12	13	14	15	16	17	18	19	20
C	B	D	D	C	B	B	B	B	B
21	22	23	24	25	26	27	28	29	30
B	A	B	C	C	C,D	C	B	D	A
31	32	33	34	35	36	37	38	39	40
C	A	C	D	B	D	A	C	D	D
41	42	43	44	45	46	47	48	49	50
C	A,D,F	B	B	B	B,D,F	A	C	C	A
51	52	53	54	55	56	57	58	59	60
D	D	C	B	A	B	D	A,C,D	C	D
61	62	63	64	65	66	67	68	69	70
A	B	D	A	A	A	A,C	B	A	D
71	72	73	74	75	76	77	78	79	80
D	C	C	C	A,B,C	A,D	B	D	C	B
81	82	83	84	85	86	87	88	89	90
C	D	A	D	D	D	C	B	A	C
91	92	93	94	95	96	97	98	99	100
B	A	A	A	D	A	C	D	A	A

Final Test 예상문제 B형 해설

1. 정답 : B
   해설 프로젝트 범위 문서에는 WBS를 포함하지 않는다. WBS는 승인된 프로젝트 범위 문서를 바탕으로 작성된다.
   참조 2.2.1 범위 문서 준비

2. 정답 : D
   해설 마일스톤은 활동이 아니고 활동의 업적이고 특정 날짜이다.
   참조 2.3.1 활동 정의

3. 정답 : C
   해설 PERT(Program Evaluation and Review)는 Optimistic, Pessimistic, Most Likely 공식으로 구한다. PERT의 공식은 (O + P + 4M)/6이다.
   참조 2.3.3 활동 기간 산정

4. 정답 : A
   해설 프로젝트 헌장은 프로젝트 자원, 예산, 목표를 부여하기 위해 권한을 가진 관리자로부터 승인 받은 문서이다. 헌장은 프로젝트를 실행하고 프로젝트 작업 완료를 위해 프로젝트 관리자에게 권한을 부여한다.
   참조 1.2.1 프로젝트 헌장 작성

5. 정답 : C
   해설 프로젝트는 일시적인 노력인 반면, 운영은 무기한 끝을 가진다.
   참조 1.1.1 프로젝트 관리 정의

6. 정답 : A
   해설 WBS는 프로젝트 관리계획의 핵심요소이다.
   참조 2.3.1 활동 정의

7. 정답 : C

   해설 Weak matrix는 여러 부서에서 팀원을 허용하지만 프로젝트에 대한 권한은 제한적이다.
   참조 1.1.3 프로젝트 조직 구조

8. 정답 : D

   해설 Projectized 조직이 프로젝트 관리자에게 최고 권한을 부여한다.
   참조 1.1.3 프로젝트 조직 구조

9. 정답 : A

   해설 프로젝트 조직에서 조직 관리자는 프로젝트 팀, 관리자보다 상위 권한을 가지고 있지 않다.
   참조 1.1.3 프로젝트 조직 구조

10. 정답 : B

    해설 프로젝트 관리자의 권한 중 기술에 관련된 것은 경험에서 나타난다. Expert power는 프로젝트 관리자가 경험에 의한 권한을 가지고 있는 것이다.
    참조 2.6.2 인적 자원 관리 계획

11. 정답 : C

    해설 요청과 문제를 문서화하게 되면 관리자는 질문에 대한 답변과 도전에 직면을 더 잘 받아드리게 된다.
    참조 3.4.1 정보 배포

12. 정답 : B

    해설 Expert power는 프로젝트 관리자가 경험에 의한 권한을 가지고 있는 것이다.
    참조 2.6.2 인적 자원 관리 계획

13. 정답 : D

    해설 과거 히스토리 정보를 바탕으로 현재 프로젝트 예산을 추정하는 것은 Analogous 추정이다.
    참조 2.4.1 원가 관리 요소 식별

14. 정답 : D

    해설 optimistic, pessimistic, most likely를 사용한 것이면 3점추정(Three-point estimate)이다.

    참조 2.3.3 활동 기간 산정

15. 정답 : C

    해설 원래 계획에 속하지 않으면서 추가적인 태스크나 요구사항이 추가되는 것을 Scope creep이라 한다.

    참조 4.2.1 변경 관리

16. 정답 : B

    해설 예산을 사용하기 위해서 프로젝트 범위에 요구사항을 추가하는 것은 Gold plating의 예이다.

    참조 2.4.1 원가 관리 요소 식별

17. 정답 : B

    해설 활동은 8시간보다 작게 분해되어선 안되고 80시간 보다 길게 주어져서도 안 된다.

    참조 2.2.2 WBS 작성

18. 정답 : B

    해설 Responsibility Assignment matrix는 프로젝트에서 필요한 역할을 활동에 대응한 목록이다.

    참조 2.6.1 프로젝트 팀 생성

19. 정답 : B

    해설 프로젝트 팀은 4단계(forming, storming, norming, performing)거쳐 진행된다. 팀이 관리에 대해 다투기 시작할 때 storming단계를 거쳐 진행하고 있는 것이다.

    참조 2.6.1 프로젝트 팀 생성

20. 정답 : B

    해설 작업은 시간을 끝까지 사용하기 위해 확장한다. 요구하는 것 보다 더 많은 시간을 지정하더라도 지정된 시간을 모두 사용한다.

참조 2.3.4 프로젝트 일정 수립

21. 정답 : B

   해설 주 공정경로(critical path)는 프로젝트 완료일자를 결정하는 이벤트의 연속이다.
   참조 2.3.4 프로젝트 일정 수립

22. 정답 : A

   해설 프로젝트 일정을 단축하기 위해서 추가자원을 투입하는 것은 crashing이다.
   참조 4.3.1 일정 통제

23. 정답 : B

   해설 리스크 징후(Risk trigger)는 실제 리스크가 발생할 것을 나타내는 징조를 의미하고 비상 대응 전략(Contingency plan)은 리스크가 발생하려 하거나 발생한 경우 리스크 대처 방안을 구술적으로 표현한 시나리오를 뜻한다. 계획된 대응 방안 수립된 이후에도 남아 있는 리스크를 잔여 리스크(Residual Risk)라 하고 리스크 대응 방안의 실행 결과로 인해 발생하는 리스크를 제2의 리스크(Secondary Risk)라 한다.
   참조 2.8.3 리스크 대응계획

24. 정답 : C

   해설 책임 할당 매트릭스(RAM : Responsibility Assignment Matrix)는 작업 분류 체계(WBS)와 조직 분류 체계(OBS)를 매트릭스 형태로 결합한 것으로 프로젝트 팀원이 작업 패키지 수행을 위해 책임을 배정 받은 작업 배정표이다.
   참조 2.6.1 프로젝트 팀 생성

25. 정답 : C

   해설 작업(task) 간의 의존성을 기준으로 분류한 작업의 의존유형은 다음과 같다.

의존유형	설명
의무적 의존관계 (Mandatory dependency)	업무의 논리적 흐름에 의한 선후관계
외부적 의존관계 (External dependency)	프로젝트 외부적 요인에 의해 결정되는 관계
임의적 의존관계 (Discretionary dependency)	프로젝트 팀의 판단에 의해 결정되는 선후관계

참조 2.3.2 활동 순서 배열

26. 정답 : C, D
    해설 프로젝트 스폰서는 프로젝트 헌장을 승인하고 서명, 프로젝트에 대한 최종 결정 메이커 역할을 수행한다.
    참조 1.1.1 프로젝트 관리 정의

27. 정답 : C
    해설 프로젝트 팀 개발 단계는 Tuckman의 5단계 팀 개발 모델을 많이 활용하는데 이는 팀을 처음 구성하고 프로젝트에 대해 이해하게 되는 형성(Forming), 프로젝트 팀에 갈등이 발생하게 되는 스토밍(Storming), 팀원 상호간의 신뢰가 형성되고 팀의 응집성과 프로젝트에 대한 책임감 공유가 고조되는 표준화(Norming), 팀원들 서로를 잘 이해 하고 프로젝트가 큰 갈등 없이 잘 진행되는 수행(Performing) 단계 그리고 마지막으로 프로젝트를 마무리 하게 되는 단계인 해산(Adjourning) 단계로 이루어진다.
    참조 2.6.1 프로젝트 팀 생성

28. 정답 : B
    해설 프로젝트 헌장에 Sign off 한 다음 단계는 kick off 미팅을 진행하는 것이다.
    참조 1.2 프로젝트 통합 관리

29. 정답 : D
    해설 특정 리소스에 대한 일정 기간 동안의 소요에 대한 요구나 전제 조건 등은 프로젝트 가정(Assumptions)에 해당한다.
    참조 1.2.1 프로젝트 헌장 작성

30. 정답 : A
    해설 PMO의 역할 중 관련 프로젝트 그룹을 관리하는 활동을 프로그램(program)이라 한다.
    참조 1.1.3 프로젝트 조직 구조

31. 정답 : C
    해설 다른 이해관계자에게 해결안을 강하게 주장하는 것은 강요(Forcing) 이다.
    참조 3.3.1 프로젝트 팀 획득

32. 정답 : A

    해설 Prevention은 프로젝트를 수행하기 전에 에러를 예방하는 프로세스이고 Lessons learned는 품질 관리의 도구 및 기법이 아니다.

    참조 3.2.1 품질 보증

33. 정답 : C

    해설 리스크 대응 통제(Risk response control)은 모니터링 및 제어 프로세스 중에 수행하게 된다.

    참조 2.8.3 리스크 대응 계획

34. 정답 : D

    해설 프로젝트 종료에는 다음과 같은 유형이 있다.

종료유형	설명
Integration	자원이 조직의 다른 영역으로 분산되는 경우
Starvation	프로젝트의 자원이 단절로 인해 종료 되는 경우
Extinction	프로젝트 과업이 성공적으로 수행되고 이해관계자의 승인을 받은 경우의 종료
Addition	프로젝트 작업에 추가가 필요한 경우

    참조 5.1.1 프로젝트 종료 및 단계 종료

35. 정답 : B

    해설 고정가 계약은 수주자에게 가장 위험이 따르는 계약 유형이다.

    참조 2.9.1 조달 계획 수립

36. 정답 : D

    해설 의사 소통 채널의 수 = n(n-1)/2 이므로, 프로젝트관리자, 스폰서, 이해관계자 2명 등 총 4명에 대한 의사소통 채널의 수를 구하면 4*3/2=6 이다.

    참조 2.7.1 의사소통 계획 수립

37. 정답 : A

    해설 WBS 작성 시 작업으로 분해할 수 있는 가장 하위 레벨은 Work package이다.

참조 2.2.2 WBS 작성

38. 정답 : C
해설 주 공정을 관리 할 수 있는 방법은 CPM 이다.
참조 2.3.4 프로젝트 일정 수립

39. 정답 : D
해설 CV = EV − AC 따라서 81 − 83 = −2
참조 4.4.1 획득 가치 관리

40. 정답 : D
해설 시작 프로세스 그룹은 프로젝트를 공식 수락하고 작업을 시작하기 위한 프로젝트 관리자에 대한 승인을 모두 포함한다.
참조 1.2 프로젝트 통합관리

41. 정답 : C
해설 이해 관계자의 리스크 허용 수준은 위험 분석 과정에서 가장 중요한 요소 중의 하나로 특정 위험에 대한 높은 내성이 있는 경우 다른 사람들이 낮은 허용 오차를 가진다면 다르게 측정되어야 한다.
참조 2.8.2 리스크 분석

42. 정답 : A, D, F
해설 모니터링 및 제어 프로세스에서는 Scope creep 이나 비용의 초과 등에 대한 항목들을 관리 하게 된다.
참조 1.1.3 프로젝트 조직 구조

43. 정답 : B
해설 프로젝트 범위 변경은 프로젝트 리스트를 증가시키거나 일정이 추가 될 수 있다.
참조 4.2.1 변경 관리

44. 정답 : B
해설 3점 산정은 Optimistic(낙관치), Most Likely(평균치), Pessimistic(비관치)의 평균으로

산출하는 방법이다.

참조 2.3.3 활동 기간 산정

45. 정답 : B

해설 작업 패키지(Work package)는 일정을 계획하고 원가를 산정, 감시/통제할 수 있는 단위로 각 계정코드, 견적, 자원 및 인수 기준 등이 포함되어 있다.

참조 2.2.2 WBS 작성

46. 정답 : B, D, F

해설 Quality metrics, quality checklists, exit criteria 는 프로젝트의 품질 기준이 충족되었는지 여부를 결정하는데 사용되는 품질 기준이다.

참조 4.5 품질 통제

47. 정답 : A

해설 프로젝트에 필요한 비용을 추정하고 비용 기준선(Cost baseline)을 설정하는 프로세스는 원가 추정(Cost estimating)이다.

참조 2.4.1 원가 관리 요소 식별

48. 정답 : C

해설 알려진 이슈에 대해 발생 가능성과 영향력을 기대값으로 산출한 우발사태 예비비(Contingency reserve)를 각 작업패키지에 할당하여 관리한다.

참조 2.8.1 리스크 관리 계획

49. 정답 : C

해설 프로젝트 통합은 프로젝트 관리자의 핵심기능이며 이해 관계자의 만족을 확보하는 것이 프로젝트 관리자의 주된 책임이다.

참조 3.1.1 프로젝트 관리 실행

50. 정답 : A

해설 프로젝트 산출물을 공식적으로 수락하고 서명하는 단계는 범위 검증(Scope Verification)이다.

참조 4.2.2 범위 검증

51. 정답 : D

    해설 제안된 범위편차가 필요한 이유를 확인하는 것으로 제안 변경이 필요하다고 확인되면 예산의 범위에 미치는 영향, 시간 및 자원의 유효성을 확인해야 한다.

    참조 4.2.1 변경 관리

52. 정답 : D

    해설 TPCI(To-complete Performance Index)는 BAC, EAC 등과 같이 지정된 관리 목표를 충족하기 위하여 잔여 작업에서 달성해야 하는 원가 성과를 산출한 예상치를 의미한다.

    $$\text{TPCI} = \frac{(\text{BAC} - \text{EV})}{(\text{BAC} - \text{AC})} = \frac{(90 - 85)}{(90 - 89)} = 5$$

    참조 4.4.1 획득 가치 관리

53. 정답 : C

    해설 작업의 순서를 정의하는 것은 일정 개발 프로세스 내의 활동이다.

    참조 2.3.2 활동 순서 배열

54. 정답 : B

    해설 의사 소통 채널의 수 = n(n-1)/2 이므로 의사소통 채널의 수를 구하면 다음과 같다.

    $$\frac{12(12-1)}{2} = 66$$

    참조 2.7.1 의사소통 계획 수립

55. 정답 : A

    해설 일반적으로 Nonverbal은 커뮤니케이션의 55% 차지한다.

    참조 4.6.2 특수한 의사소통

56. 정답 : B

    해설 현재의 프로젝트에서 필요한 Resource를 빼오는 제일 필요한 기술은 Negotiation and influential(협상과 PM의 영향력)이다.

    참조 3.3.1 프로젝트 팀 획득

57. 정답 : D
    해설 Herzberg's theory (허즈버그 이론)은 위생, 동기 이론으로서, 팀의 Motivation 증가하기 위한 2개 항목이다. 위생 요인은 급여, 직위에 해당하고, 동기요인은 성취감, 칭찬 등이다.
    참조 3.3.2 프로젝트 팀 관리

58. 정답 : A, C, D
    해설 A. 기대하는 성과에 대해 명확한 전달, C. 부적당한 성과에 대한 식별을 통한 커뮤니케이션, D. 우수한 성과에 대한 Reward 등은 필요하나, B. 팀 멤버의 Background에 대해 아는 것은 가장 먼 사항이다.
    참조 4.6.2 특수한 의사소통

59. 정답 : C
    해설 Matrix 환경에서 Resource에 대하여 누가, 어떻게, 어디에 투여할 것인지 결정하는 사람은 바로, Functional Manager이다. 즉, 인사권을 Functional Manager가 가지고 있다.
    참조 1.1.3 프로젝트 조직 구조

60. 정답 : D
    해설 Expectancy theory(기대이론): 보상 등이 개인을 만족시킬 때, 개인은 동기가 더욱 부여되는 이론이다.
    참조 3.3.2 프로젝트 팀 관리

61. 정답 : A
    해설 Smoothing(상대방의 의견을 수용)은 프로젝트 팀 조화와 융합이 중요할 때 갈등해결 전략이다. Compromise(타협)은 상대방과 내 의견의 중간 점에서의 절충안이고, Problem Solving (= Confronting)은 문제 해결책을 찾는 최상의 Win-Win 방식이다.
    참조 3.3.2 프로젝트 팀 관리

62. 정답 : B
    해설 프로젝트 연장자라는 이유로 의사 결정을 하는 갈등해결은 Forcing(압력, 강제)으로서, 좋은 갈등해결방법은 아니다. 때에 따라서, 적용하는 것이 좋다.
    참조 3.3.2 프로젝트 팀 관리

63. 정답 : D

해설 Project Stakeholder가 추가적인 산출물을 요구하였고, PM은 이에 대해 추가적인 비용 수용으로 갈등을 해결한다면, 서로 간의 요구 조건이 충족이 된 케이스이므로, Confronting(통합된 의견) 이라고 볼 수 있다. C의 타협은 상대방과 내 의견의 중간 점에서의 절충안이다.

참조 3.3.2 프로젝트 팀 관리

64. 정답 : A

해설 Close Project process에서 유일하게 tool and technique은 Expert judgment 이다.

참조 5.5.1 프로젝트 종료 및 단계 종료

65. 정답 : A

해설 Project Team resource를 acquired, trained, reward 하는 계획서는 Staffing management plan 이다.

참조 2.1.1 프로젝트 관리 계획서 개발

66. 정답 : A

해설 Crashing은 자원을 추가하는 방법이고, Fast tracking은 병행 추진하여 일정을 단축하는 주요 기법이다. 암기법은 '크자패병'이라고 암기하면 좋다.

참조 4.3.1 일정 통제

67. 정답 : A, C

해설 Floats에는 프로젝트 전체 기간에서, 납기일을 늦추지 않고, 여유 기간인 Free float와 종료에 관계 없이, 후속 공정을 지연시키지 않고 가질 수 있는 여유 기간을 Total float가 있다.

참조 2.3.4 프로섹트 일정 수립

68. 정답 : B

해설 Ground rules은 고객과 불편하게 지내는 경우, 서로 통하기 위해서, 명시하는 문서이다.

참조 4.2 범위 통제

69. 정답 : A

    해설 Configuration management 은 Product의 기능과 요구사항을 변경관리하고 문서화하는 관리이다.
    참조 4.1.1 프로젝트 통합관리 감시 통제 및 통제 수행

70. 정답 : D

    해설 프로젝트 일정과 비용이 정해졌다면, 프로젝트 진행 시에 Constraints이 된다.
    참조 2.2.1 범위 문서 준비

71. 정답 : D

    해설 모든 변경 요구사항은 프로젝트 품질을 포기하지 말아야 한다. 즉 교환 조건이 아님에 유의한다.
    참조 4.1.1 프로젝트 통합관리 감시 통제 및 통제 수행

72. 정답 : C

    해설 프로젝트에서 매우 중요한 asset과 Resource를 조직적으로 보호하는 프로세스는 Risk Management Process에 해당한다.
    참조 2.8.1 리스크 관리 계획

73. 정답 : C

    해설 일반적으로 부정적인 Stakeholder와 가장 효과적인 커뮤니케이션 방법은 얼굴을 대면하는 Face-to-face Meeting이 가장 좋다.
    참조 3.4.1 정보 배포

74. 정답 : C

    해설 프로젝트 완료 단계에서는 계약서의 다른 조건, 활동이 있는지 참조하는 문서는 초기의 Project Contract 이다.
    참조 5.1.1 프로젝트 종료 및 단계 종료

75. 정답 : A, B, C

    해설 프로젝트 완료단계에서 관련된 활동은, Signing off project documents, Archiving of project document(고객에게 전달할 산출물을 Archiving 작업), Reviewing of lessons learned 활동은 모두 포함이 되나, D. Schedule, cost variance는 프로젝트 관리의 Controlling & Monitoring 활동이다.

> 참조 4.4 원가 통제

76. 정답 : A, D

> 해설 프로젝트 Closing 시에 수행하는 프로세스는 종료 단계를 수행하고, 구매 관련 프로세스는 계약서를 기준으로 Closing을 수행한다.
> 참조 5.1.1 프로젝트 종료 및 단계 종료, 5.2 조달 관리

77. 정답 : B

> 해설 프로젝트 산출물 Review가 최종 완료되고, 다음 단계 혹은 과정을 결정할 때 참조하는 문서의 계약서(Contract) 이다.
> 참조 5.1.1 프로젝트 종료 및 단계 종료

78. 정답 : D

> 해설 범위 검증 프로세스는 프로젝트가 중간에 취소가 되더라도, 고객과의 범위에 대한 검증을 확인하여, Formal Acceptance를 받아야 한다.
> 참조 5.1.1 프로젝트 종료 및 단계 종료

79. 정답 : C

> 해설 Sponsor 프로젝트 시작과 종료 시에 sign off 하는 사람은 Sponsor 이다.
> 참조 5.1.1 프로젝트 종료 및 단계 종료

80. 정답 : B

> 해설 프로젝트 종료 시에 마지막 산출물은 프로젝트 성공과 개선점 등의 교훈 정리 Lessons learned 이다.
> 참조 5.1.1 프로젝트 종료 및 단계 종료

81. 정답 : C

> 해설 Contingency reserve는 프로젝트 관리에서 위험이 실제 발생했을 때, Cost와 Schedule 관리에 적용하기 위한 예비비이다.
> 참조 2.8.1 리스크 관리 계획

82. 정답 : D

해설 프로젝트 완료 시에 입력물(Input)을 묻는 문제는 PMI의 ITO(Input, Tool & Technique, Output)에 관한 문제이다. A. Project Management plan, B. Accepted deliverables, C. Organizational Process Assets은 모두 입력물이며, Scope verification process는 Monitoring & Controlling Process group 이다.

참조 5.1.1 프로젝트 종료 및 단계 종료

83. 정답 : A

해설 Staffing Management plan은 프로젝트 matrix 구조에서 팀 구성원을 Release하는 항목을 기술하는 문서이다.

참조 2.1.1 프로젝트 관리 계획서 개발

84. 정답 : D

해설 프로젝트의 주요 특징으로는, 프로젝트의 시작과 끝이 정해진 기간이 제한되고, 고유의 제품과 서비스 제공은 유일성(Uniqueness)이 있으며, 시간 제약(Constraint of Time)을 받으며, 자원과 품질(Resource and Quality)을 제공해야 한다.

참조 1.1.1 프로젝트 관리 정의

85. 정답 : D

해설 프로젝트 스폰서는 일반적으로 프로젝트에서 팀원을 배정하는데 책임을 가지고 있다. 프로젝트 관리자는 결정에 의견이 있을 수 있지만 스폰서의 권한이 필요하다.

참조 1.1.1 프로젝트 관리 정의

86. 정답 : D

해설 프로젝트 헌장은 프로젝트 목적을 문서화하고 발표하는 것이다.

참조 1.2.1 프로젝트 헌장 작성

87. 정답 : C

해설 가정은 프로젝트 범위, 예산, 일정, 품질에 영향을 준다.

참조 1.2.1 프로젝트 헌장작성

88. 정답 : B
   해설 간트 차트는 작업을 수평적 타임라인으로 보여 주고 의존성도 보여 준다. 간트 차트는 각 작업들이 어떻게 완료되어 가는지 시각적인 이미지를 제공한다.
   참조 2.3 일정 계획

89. 정답 : A
   해설 Project calendar(프로젝트 일정표)는 프로젝트의 작업일, 휴일, 국가마다의 공휴일 등을 포함하는 일정표이다. 프로젝트의 기간을 계획하는 WBS는 다른 개념이다.
   참조 2.3 일정 계획

90. 정답 : C
   해설 Grade는 자재, 서비스, 제품에 부여된 순위이다.
   참조 2.5.1 품질 계획 수립

91. 정답 : B
   해설 Benchmarking이 과거 정보, 업계 평균, 조직의 다른 프로젝트에 대비한 현재 성과를 측정하는데 가장 근접한 방법이다.
   참조 2.5.1 품질 계획 수립

92. 정답 : A
   해설 프로젝트에서 품질은 사후 검사가 아닌 먼저 계획되는 것이다.
   참조 2.5.1 품질 계획 수립

93. 정답 : A
   해설 Positive Stakeholder 의 유형은 프로젝트에 긍정적인 정보 및 지지를 하는 Stakeholder 유형이다.
   참조 3.7 의사소통 수행

94. 정답 : A
   해설 실제 원가 또는 진행률 대비 완료된 작업의 가치를 측정하는 척도인 CPI를 계산하면 다음과 같다.

$$\text{CPI} = \frac{\text{EV}}{\text{AC}} = \frac{81}{83} = 0.98$$

참조 4.4.1 획득 가치 관리

95. 정답 : D

해설 CV = EV – AC 이다. EV는 5천만원이 되고 AC는 7천5백만원이다.
참조 4.4.1 획득 가치 관리

96. 정답 : A

해설 Wasted materials 는 품질 저하로 인한 자금의 손실이다.
참조 2.5.1 품질 계획 수립

97. 정답 : C

해설 획득가치(Earned value)는 프로젝트에서 수행한 작업의 가치이다.
참조 4.4.1 획득 가치 관리

98. 정답 : D

해설 Actual cost는 일한 시간, 수행한 서비스, 제공된 상품의 실제 비용이다.
참조 4.4.1 획득 가치 관리

99. 정답 : A

해설 교훈은 프로젝트의 새로운 경험과 발견을 공유하기 위해서 프로젝트 관리자에 의해 만들어진 보고서이다.
참조 5.2.1 조달 종료

100. 정답 : A

해설 사후 프로젝트 감사(Post-project audit)는 프로젝트 관리자와 경영자에게 프로젝트 작업을 검토하고, 프로세스를 분석하고 생산된 인도물의 가치를 보게 해준다.
참조 5.2.1 조달 종료

Project+ 시험응시방법

CompTIA + 시험응시방법은 다음과 같습니다.

수험자등록

CompTIA 시험을 위해 테스트 파트너에서 수험자 등록을 하셔야 합니다. 이전까지의 테스트 파트너는 프로메트릭과 피어슨 VUE인 두 군데에서 시행되었지만 2012년 7월 9일부터 전세계적으로 5,000개 이상의 테스트 센터를 가진 피어슨 VUE 시험센터로 단일화 되었습니다. 따라서 수험생들은 피어슨 VUE에서 수험자 등록을 하시고 진행하시면 됩니다.

수험자 등록을 위해 CompTIA + Korea 홈페이지를 이용하시거나 피어슨 VUE로 접속하셔서 수험자 ID를 부여 받습니다.

- CompTIA + Korea : http://comptia.or.kr/test/test_how.php
- 피어슨 VUE :

https://www9.pearsonvue.com/Dispatcher?webApp=LoginRequest&webContext=CreateAccount&cid=119&noSchedule=null

1. 개인정보 수집 및 테스트 프로그램 절차 수행 동의

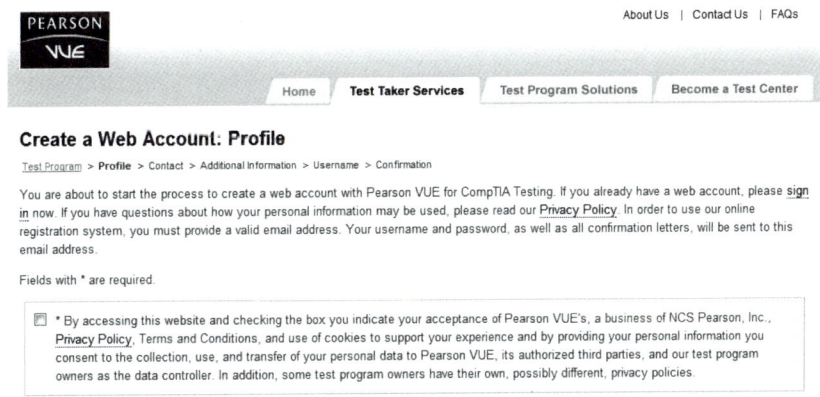

개인정보 수집 및 테스트 과정에 대한 개인 동의를 구하는 내용입니다.

2. 인적 정보 등록

성명, 이메일 등의 인적 정보를 영문으로 등록합니다.

3. 이전 테스트 이력 등록

이전에 CompTIA 테스트를 본적이 있는 경우 CompTIA를 입력하면 인하된 가격으로 시험을 볼 수 있습니다.

4. 주소 입력

영문 주소와 전화번호를 입력합니다.

5. 등록 완료

6. 확인메일

피어슨 테스트 센터 접속 계정과 임시 비밀번호가 메일로 송부됩니다.

시험예약

1. 피어슨테스트 센터 접속 : Sign in 클릭   http://www.pearsonvue.com

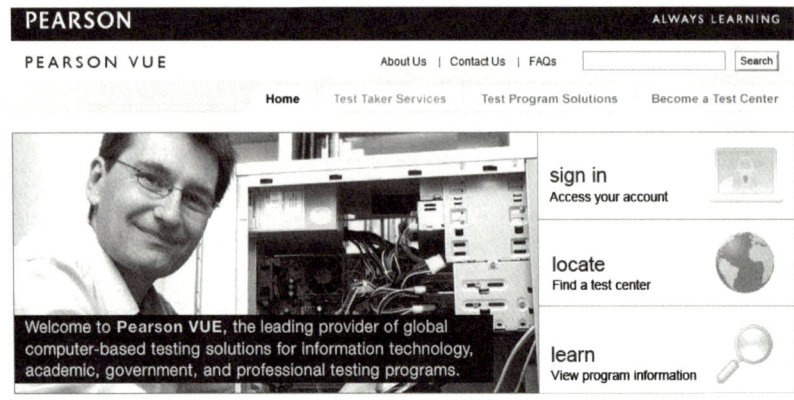

2. 시험 유형 선택 : Information Technology(IT) 》 CompTIA

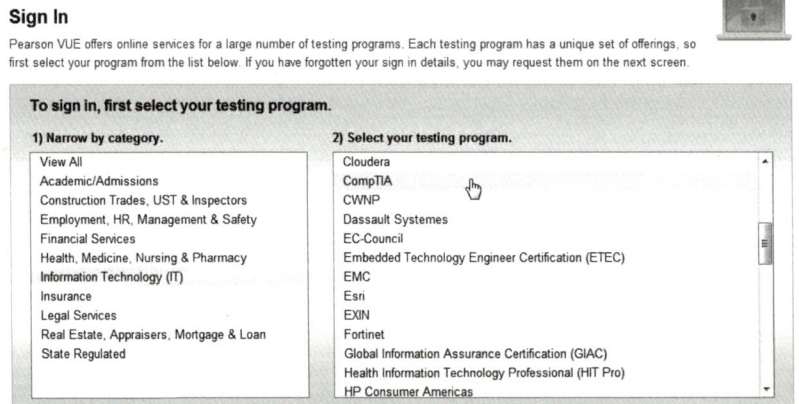

3. 로그인

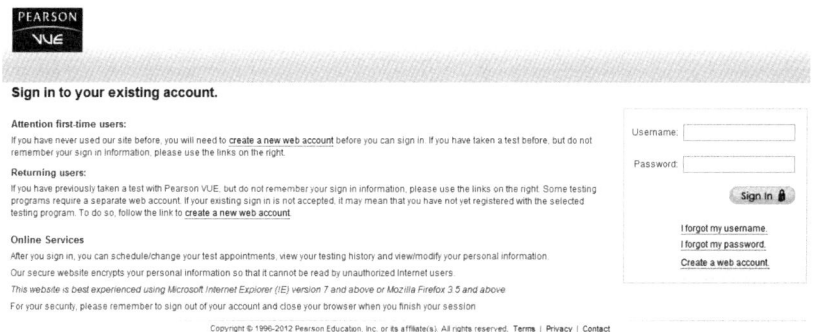

수신 받은 등록 확인 메일의 User Name, Password로 로그인하면 임시 비밀번호를 갱신하는 화면으로 바뀌고 영문 대소문자, 숫자를 포함한 비밀번호로 변경합니다.

4. 시험선택

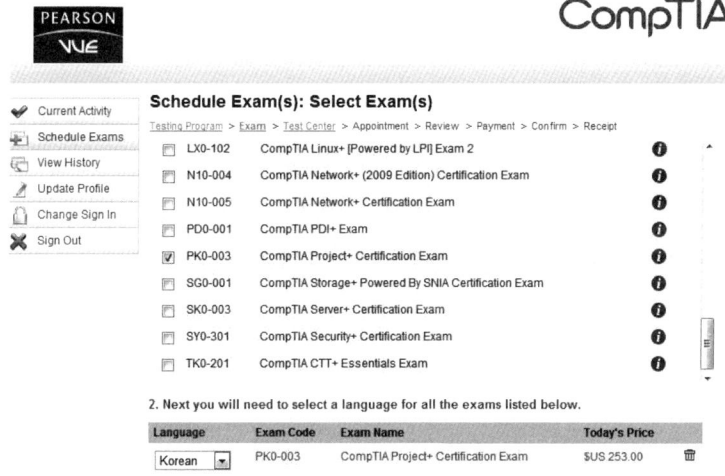

Schedule Exams 선택 후 시험 일정 중 PK0-003 선택. 언어는 Korean(한국어) 선택합니다.

5. 시험장소 선택

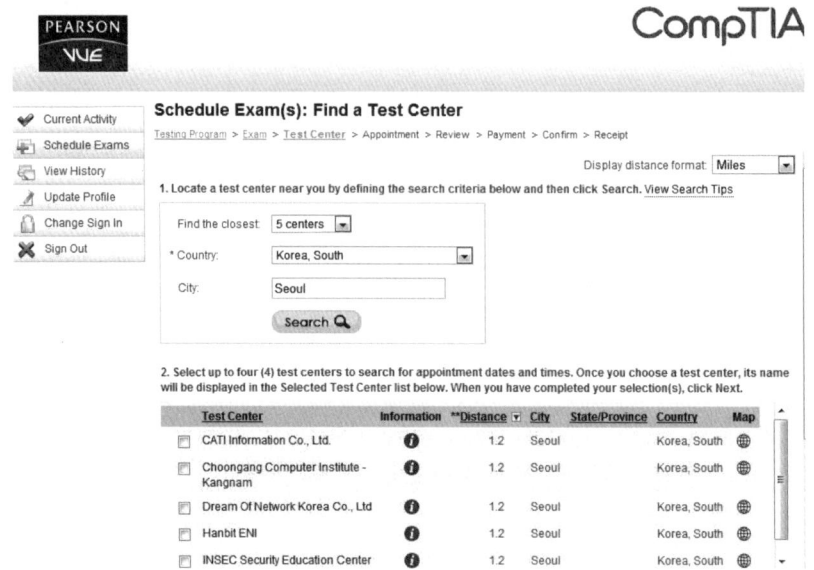

전국의 시험 센터 중에 시험 가능한 장소를 다수 선택 후 시험 일정 확인. 사용자 정보에 등록된 주소를 기준으로 가까운 테스트 센터 순서로 조회됩니다.

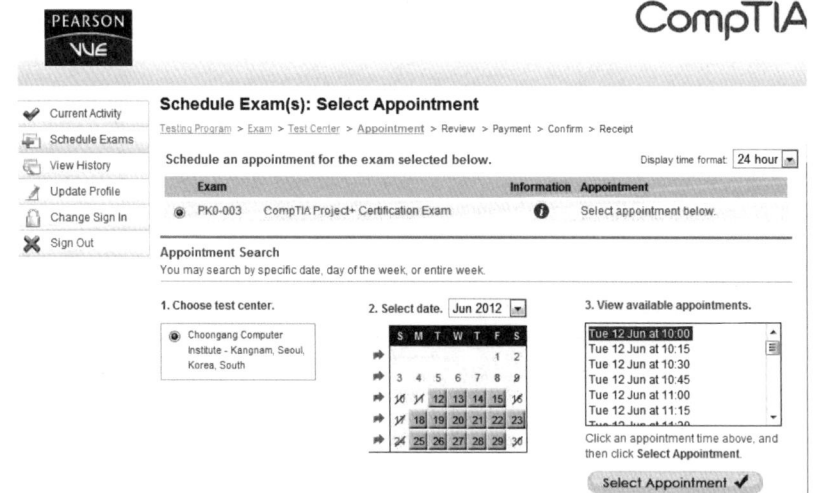

시험 장소를 선택하고 가능한 시험일정을 조회 후 선택합니다.

6. 시험 응시료 결제

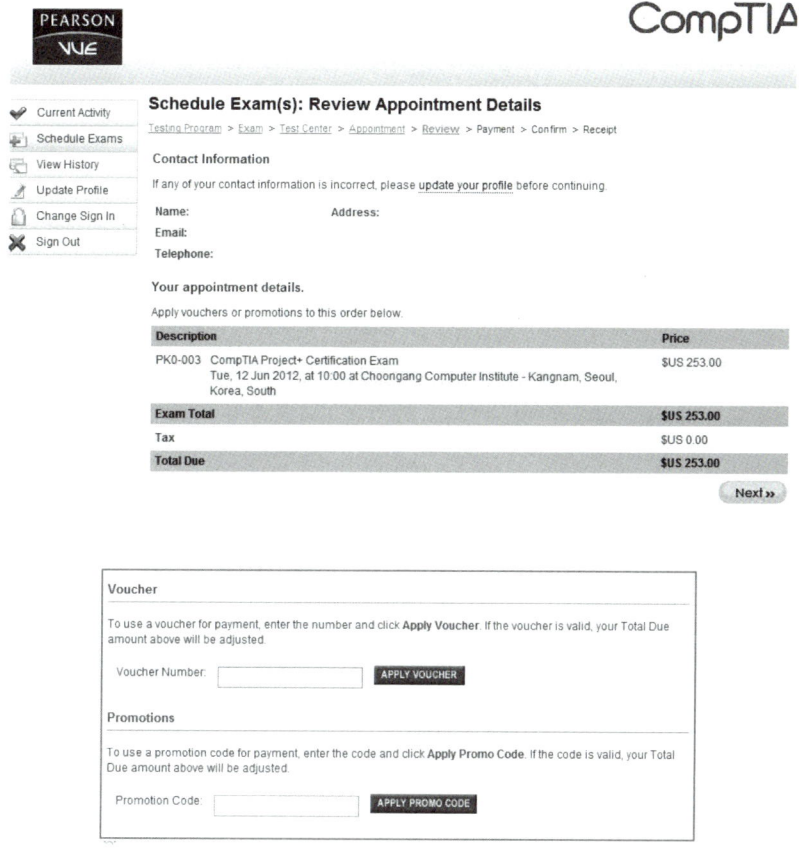

바우처나 할인권이 있으면 해당 번호를 입력하고 카드 결제인 경우 Next를 선택하여 결제를 진행합니다.

● 시험응시

CompTIA의 모든 시험은 온라인 테스트인 CBT 기반의 시험입니다. 신청한 시험일에 본인을 증명할 수 있는 신분증(주민등록증, 운전면허증 등)을 지참하고 시험 시작시간 최소한 15분전에 시험장에 도착해야 합니다. 안내데스크에서 신분확인을 한 후 시험에 응시하고 시험 종료 후 테스트 센터에서 합격 여부가 기재된 리포트를 수령하게 됩니다. 스코어 리포트는 인증서 수령에 중요한 문서이므로 잘 보관 하셔야 합니다.

인증서 수령

시험 합격 후 며칠 뒤 메일을 통해 본인 확인 및 주소 확인을 위한 메일을 수신 받게 됩니다. 스코어 리포트에는 CompTIA 등록 번호가 기재되어 있습니다. 이를 통해 CompTIA 사이트에 접속하여 인적 정보에 대한 최종 확인을 하면 보통 일주일 후에 자격증을 수령하게 됩니다. 자격증은 Paper와 카드형태로 발송됩니다.

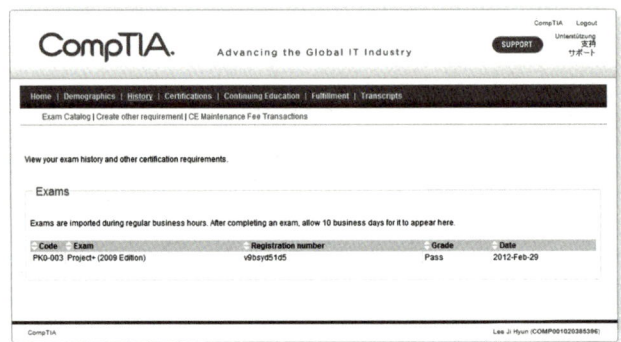

Glossary

Project+ Section I: Basic Terminology

용어	TERM	DEFINITION
\multicolumn{3}{c}{**A**}		
인수	Acceptance	See formal acceptance.
인수기준	Acceptance criteria	Requirements and conditions that must be met before the project deliverables are formally accepted.
인수테스트	Acceptance test	A group of end-users work with the final product to test it for unidentified issues that may appear during routine use. Also known as User Acceptance Testing (UAT).
실제기간	Actual duration	The number of hours or days expanded to complete a project activity.
실제 노력	Actual effort	The actual number of person hours or days expended to complete an activity.
활동	Activity	A specified piece of work that needs to be completed. An activity typically has an expected duration, cost and requires certain resources. Also known as task.
활동목록	Activity list	A list of the defined activities that need to be completed for a project.
활동순서배열	Activity sequencing	Identifying activity dependency relationships (how activities affect each other) and determining the best order to perform the activities to complete the project.
실제원가	Actual cost (AC)	The actual cost expanded to complete a project activity or work package.
배정	Assignment	The activities team members are responsible to complete.
가정	Assumptions	Factors that are believed to be true and affect project planning. Assumptions may impact risk and should always be documented and validated.
\multicolumn{3}{c}{**B**}		
막대차트	Bar chart	A schedule that shows project activities with associated start and completion dates. Also known as a Gantt chart.
기준선	Baseline	Represents the original approved plan for schedules, costs, etc. and is used to monitor and control ongoing project performance.

Glossary 195

용어	TERM	DEFINITION
모범실무	Best practices	A generally accepted set of standards for performing work.
예산	Budget	The amount of money allocated for a project.
완료시점 예산	Budget at completion (BAC)	The budget estimate determined in the planning phase for a work package or entire project to be completed.
수행작업 예산원가	Budgeted cost of work performed (BCWP)	The total budgeted cost of all work completed on a project to date. Also known as earned value (EV).
비즈니스 요구사항	Business requirements	The conditions that the product must meet to support the high-level processes and needs of the business.
비즈니스 가치	Business value	The positive impact for the business that will be achieved with completion of the project (e.g. generate revenue, customer satisfaction, etc.).
	C	
변경통제 위원회	Change control board	A group of stakeholders responsible for reviewing and accepting or rejecting changes to the project.
변경통제 절차	Change control process	A process that ensures changes to the project are identified, evaluated, approved, documented and managed.
변경관리 계획	Change management plan	A plan that documents the process for managing changes to the project.
변경요청	Change request	A document that is submitted to request a change to any part of the project management plan after the plan was approved.
의사소통	Communications	Relaying information so that all concerned parties have an equal understanding.
의사소통 관리계획	Communications management plan	A plan that documents who will receive information about the project, what information they will receive, when they will receive it and how the information will be communicated. It also identifies the person who is responsible for providing the information.
의사소통 기획	Communications planning	The planning process to determine the communication requirements. Identifying who will need what information, when they will need it and how the information should be formatted and disseminated.
형상	Configuration management	The process to ensure the project meets the desired outcome.
합의	Consensus	A decision that a group agrees to support. It is usually achieved by discussing the relevant issues and options.

용어	TERM	DEFINITION
제약	Constraint	A financial, schedule, risk or resource-based limitation on a project.
우발사태 예비비	Contingency reserve	Allocation of resources to address possible adverse events.
계약	Contract	A legal, mutually-binding document between buyer and seller covering the terms and conditions by which the work must be completed.
계약 행정	Contract administration	Managing the relationship with the seller and overseeing that all elements of the contract are met.
계약 종료	Contract closeout	The process of determining whether the work as outlined in the contract was completed accurately and settling the terms of the contract
시정조치	Corrective action	Actions taken to bring expected performance in line with the project plan.
비용 편익 분석	Cost-benefit analysis	A benefit measurement method that weighs expected project costs against expected project benefits.
원가통제	Cost control	Managing and controlling changes to the cost baseline.
원가산정	Cost estimating	Estimating the cost of resources that will be required to complete each project activity.
품질비용	Cost of quality	The costs incurred to ensure the quality of the project.
원가차이	Cost variance (CV)	The difference between the budgeted cost and actual cost. CV = EV − AC
주공정경로	Critical path	The longest path through all project activities (as represented in a network diagram) that determines the duration of the project. The activities on the critical path usually have zero float.
주공정법	Critical path method (CPM)	A technique used to determine the duration of a project by looking at the sequence of activities and their flexibility in scheduling.
고객	Customer	The recipient of service or product that the project created. Also known as client in some organizations.

D

용어	TERM	DEFINITION
분할	Decomposition	Breaking the project deliverables into smaller, more manageable components.
전담 프로젝트 시간	Dedicated project time	The amount of time that a resource is available to the project taking into account the resource's non-project activities.
인도물	Deliverable	Outcome or product that is produced to complete a work package or project.

용어	TERM	DEFINITION
의존관계	Dependency	The relationship between project activities.
기간	Duration	The length of time needed to complete an activity.
E		
빠른 종료일	Early finish date	The earliest date that an activity may be completed in the activity sequence.
빠른 개시일	Early start date	The earliest date that an activity can be started in the activity sequence.
획득가치	Earned value (EV)	A measurement used to determine a project's progress and represents the value of the work completed to date. Also known as budgeted cost of work performed (BCWP).
노력	Effort	The number or person hours or person days needed to complete an activity.
노력추정	Effort estimate	Calculation of the number of person hours or days needed to complete an activity.
사용자	End user	The person or group who will use the product produced by the project.
완료시점 산정치	Estimate at completion (EAC)	The estimated total cost of the completed project at a particular time, using current project performance and work that still needs to be completed. EAC = AC + ETC
잔여분 산정치	Estimate to complete (ETC)	The estimated amount of the work that still needs to be completed.
전문가판단	Expert judgment	Using subject matter experts to assist in decision making.
외부적 의존관계	External dependency	A relationship between a project activity and a factor outside the scope of the project that influences the completion of that activity.
F		
종료-종료 의존관계	Finish-to-finish dependency	When the completion of an activity is dependent on the completion of the preceding activity.
종료-개시 의존관계	Finish-to-start dependency	When the start of an activity is dependent on the completion of the previous activity.
고정가	Fixed cost	A cost that remains constant regardless of a change in production.
고정자원	Fixed resources	An amount of a resource (human, equipment, material) that cannot be changed.

용어	TERM	DEFINITION
여유	Float	The amount of time that the early start of an activity can be delayed without affecting the completion date of the project. Also known as slack time.
흐름도	Flowchart	A diagram showing the steps in a process or system from beginning to end.
예측치	Forecast	A prediction of future project status.
공식인수	Formal acceptance	When the authorized stakeholder provides sign-off, indicating the product has been received and is acceptable.
기능관리자	Functional manager	The person responsible for the activities of a specific functional department.
기능 조직	Functional organization	An organizational structure that groups staff hierarchically by area of specialty.
기능 요구사항	Functional requirements	Conditions that the product must meet to support how the end users will interact with the product.

G

용어	TERM	DEFINITION
간트차트	Gantt chart	A schedule that shows project activities with associated start and completion dates. Also known as bar chart.
거버넌스	Governance	The overall structure of the roles, responsibilities and relationships between the project decision makers and the organization's long-term operational decision maker

H

용어	TERM	DEFINITION
상위 수준 요구사항	High-level requirements	See product description.
선례정보	Historical information	Records of past projects that are used to assist in planning future projects.

I

용어	TERM	DEFINITION
정보배포	Information distribution	Enacting the communications plan and providing stakeholders with needed information in a timely manner.
착수	Initiation	Formal definition and authorization of a new project or continuation of an ongoing project.
투입물	Inputs	Information that is required for a process to begin.
검사	Inspection	A quality control method to examine and measure work results against baseline specifications and requirements.

용어	TERM	DEFINITION
통합변경통제	Integrated change control	Coordinating and managing change across the entire project scope, schedule and budget.
통합관리계획	Integration management plan	A plan that documents how elements of the project will be integrated and outlines how changes will be managed across the project.
통합기획	Integration planning	The planning process to establish how all elements of the project will be coordinated and how changes will be managed throughout the project.
이슈	Issue	An identified element or event that may have a negative impact on the project and needs to be avoided or resolved.
이슈기록	Issue log	A document that outlines each project issue, along with the person responsible for resolving it, status and expected resolution date.
K		
착수회의	Kickoff meeting	A meeting held at the end of major planning activities for all stakeholders to provide an overview of the project and outline expectations, ensure a common understanding of the project and to build consensus and excitement about the project.
L		
지연	Lag	A mandatory delay between activities.
늦은 종료일	Late finish date	The latest date an activity can be completed without delaying the completion of the entire project.
늦은 개시일	Late start date	The latest date an activity can begin without affecting the completion of the entire project.
교훈	Lessons learned	The learning that takes place during the project and is documented to provide information on what went well and which aspects could have been improved. Lessons learned serve as references for future projects.
매트릭스 조직	Matrix organization	An organization where project team members answer to both a functional manager and a project manager.
마일스톤	Milestone	The completion of a significant event or major deliverable used to measure project progress.
N		
부정적인 차이	Negative variance	The negative number that results from comparing planned project results with actual project results. A negative variance in the project schedule indicates the project is behind schedule. A negative variance in the budget indicates the project is over budget.

용어	TERM	DEFINITION
네트워크 다이어그램	Network diagram	A method of determining the sequence of activities, including dependencies for a project. Types include the activity-on-node (AON), arrow diagramming method (ADM) and precedence diagramming method (PDM).

O

용어	TERM	DEFINITION
운영 및 유지보수	Operations and maintenance	The turnover of a project to the operational staff of an organization for ongoing support and maintenance.
기회	Opportunity	A chance to increase project benefits.
기회비용	Opportunity cost	The opportunity given up by choosing to do one project over another one.
규모산정	Order of magnitude estimate	A high-level estimate usually made during the initiation phase that assigns a cost estimate range to the project based on a completed similar project. This estimate typically falls between -25% and +75% of the actual budget.
산출물	Output	The outcome or end result of a process.

P

용어	TERM	DEFINITION
성과보고	Performance reporting	Reporting to the stakeholders to provide information about the project's status, progress, accomplishments and future project performance predictions.
단계	Phase	A distinct stage of the project or lifecycle. There are typically four phases in a project management lifecycle: Initiation and scope definition; planning; execution, control and coordination; and closure, acceptance and support.
긍정적인 차이	Positive variance	The positive number that results from comparing planned project results with actual project results. A positive variance in the project schedule indicates the project is ahead of schedule. A positive variance in the budget schedule indicates the project is under budget.
선행 (선행활동)	Predecessor	An activity that is on the same network diagram path and occurs before another activity.
확률영향 매트릭스	Probability impact matrix	A method of determining the severity of risk by looking at the probability of occurrence and impact on project objectives.
조달기획	Procurement planning	The process of determining which goods and services should be purchased or performed outside of the organization and outlines the details of what, how and when the goods should be acquired.

용어	TERM	DEFINITION
제품명세서	Product description	An explanation of the major characteristics of the product including an explanation of why the product meets the business needs. Also known as high-level requirements.
제품생애주기	Product life cycle	The required phases to develop the product. For example, creation of a software product may follow a software development lifecycle that consists of requirements-gathering, design, development, testing and roll-out phases.
제품검증	Product verification	Ensuring the stakeholders find the key deliverables to be satisfactorily completed.
프로그램	Program	A group of related projects that are managed together.
프로그램 평가와 기법 검토	Program evaluation and review techniques (PERT)	A weighted average time estimate of project duration using optimistic (O), pessimistic (P) and most likely (ML) estimates of project duration. Also known as three-point estimating. PERT = O + (4)ML + P
프로젝트	Project	A temporary endeavor with defined start and end dates that creates a unique product or service.
프로젝트 챔피온	Project champion	An individual, who believes in, understands and supports the project.
프로젝트 헌장	Project charter	A document that is created in the initiation phase that provides direction about the project's objectives and management and authorizes the project to begin. Also known as a project initiation document.
프로젝트 착수 문서	Project initiation document	See project charter.
프로젝트 생애주기	Project life cycle	The management phases of a project which includes: initiation and scope definition; planning; execution, control and coordination; closure, acceptance and support.
프로젝트 관리	Project management	The process of initiating, planning, executing, monitoring, controlling and closing out a project by applying skills, knowledge, tools and techniques to fulfill requirements.
프로젝트 관리계획	Project management plan	An overall project plan that contains all of the project management-related documents created during the phases of initiation and scope definition and planning.
프로젝트 관리자	Project manager	The person responsible for providing leadership to the team and managing the project and its associated work to ensure that expected results are obtained.

용어	TERM	DEFINITION
프로젝트 성과지표	Project performance indicators	Measures to determine whether the project is on track.
프로젝트 범위	Project scope	The work required to produce the product of the project.
프로젝트 팀원	Project team members	The people who perform the work associated with the project.
프로젝트 전담조직	Projectized organization	An organizational structure that is focused on projects. The project manager has authority over the resources assigned to the project.
개념증명	Proof of concept	A project that attempts to prove whether an activity or an idea can be accomplished.

Q

용어	TERM	DEFINITION
정성적위험 분석	Qualitative risk analysis	Uses a subjective approach to determine the likelihood that risks will occur and the impact that risks will have on the project. This information enables the risk to be prioritized.
품질	Quality	The degree to which the product of the project meets requirements.
품질보증	Quality assurance	The evaluation of overall project performance on a regular basis to ensure quality management processes are followed.
품질감사	Quality audit	Review and evaluation of the project performance to ensure quality management processes are followed.
품질통제	Quality control	The process of measuring specific results to determine compliance with quality standards and taking corrective action if necessary.
품질관리 계획	Quality management plan	A plan that documents the quality activities and outlines the processes, procedures, responsibilities and resources required for maintaining project quality.
품질기획	Quality planning	The planning process to identify quality standards for the project and determine how these standards will be met.
정량적위험 분석	Quantitative risk analysis	Uses a mathematical approach to analyze the probability that risks will occur and the impact that risks have on the project. This information enables the risks to be prioritized. Techniques used for computing quantitative risk analysis include sensitivity analysis, decision tree analysis and Monte Carlo.

R

용어	TERM	DEFINITION
원격 팀	Remote team	Individuals in different locations working on the same project and collaborating electronically or by telephone.

용어	TERM	DEFINITION
제안 요청서	Request for proposal (RFP)	A document provided to a prospective vendor requesting a proposal for work and or products to be provided. Also known as Invitation for Bid (IFB).
요구사항	Requirements	A set of measurable customer wants and desires. See functional requirements, business requirements and technical requirements.
자원	Resource	Anything needed to complete the project. May be people, equipment, facilities or money.
자원평준화	Resource leveling	Scheduling resource usage to be the same for each time period (e.g. monthly).
자원 기획	Resource planning	The process of defining the type and amount of resources needed to complete the project.
투자수익률	Return on investment (ROI)	Determining whether the project outcomes will benefit the organization based on the resources used to complete the project.
재작업	Rework	An action to correct a deficiency that was identified by a quality activity.
위험	Risk	A potential event, occurrence or result that can have positive or negative consequences.
위험 평가	Risk assessment	Identifying risks to the project and determining the affect the risks will have on the project.
위험 식별	Risk identification	Identifying potential risks and their associated characteristics along with the positive or negative impact they may have on the project.
위험관리계획서	Risk management plan	A plan that documents the process for identifying and quantifying project risks and outlines how risks will be addressed or controlled.
위험완화	Risk mitigation	A risk response that decreases the identified risk to an acceptable level.
위험감시 및 통제	Risk monitoring and control	Uses the risk management plan to identify risks, respond to risks and monitor the effectiveness of the risk response.
위험 기획	Risk planning	The planning process to determine how to manage uncertainty within the project. It includes identifying potential risks, their impact and an appropriate response.
위험 등록부	Risk register	A formal document that outlines identified project risks.
위험 대응	Risk response	The procedures that are implemented if an identified risk occurs.
위험 유발 요인(위험 징후)	Risk trigger	An event that tells a risk is about to occur or has occurred.

용어	TERM	DEFINITION
근본 원인	Root cause	The main reason a particular situation occurs.
S		
일정	Schedule	The timeline for the project including start and end dates for project activities.
일정통제	Schedule control	Managing and controlling changes to the schedule.
일정개발	Schedule development	The process of determining activity start and finish dates and finalizing the activity sequence and durations to create the schedule baseline.
일정관리계획서	Schedule management plan	A plan that documents the process to manage project schedules and any changes made to the schedules.
일정 차이	Schedule variance (SV)	The difference between scheduled activity completion and actual activity completion. SV = EV − PV; SV = Planned Date − Actual Date
범위	Scope	See scope of work.
범위 변경 통제	Scope change control	Controlling changes to the project scope.
범위 변경 요청서	Scope change request	A form submitted to request a change to the project scope.
범위 추가	Scope creep	The addition of new features or requirements while the project is in process.
범위 문서	Scope document	A document that contains the project requirements and overall project direction. It should contain the goals, deliverables, budget, success criteria and important milestones.
범위관리 계획서	Scope management plan	A plan that documents the process to manage project scope and any changes to project scope.
작업 범위	Scope of work	The amount of work involved to complete the project. Includes identifying the problem to be addressed by the project including the goals and objectives, measures of success and risks, and obstacles and assumptions that may affect the project outcome. Also known as project scope.
범위 기획	Scope planning	The planning process to develop the scope statement and determine the work of the project.
범위기술서	Scope statement	Documents the project objectives, business justification and goals. It outlines the deliverables that are to be included in the project along with the functional, business and technical requirements.

용어	TERM	DEFINITION
스폰서	Sponsor	An executive in the organization who can assign resources and can make final decisions on the project.
직원 확보	Staff acquisition	The process of getting people assigned to and working on the project.
직원관리 계획서	Staffing management plan	A plan that documents when and how people will be added to or released from the project team and outlines the responsibilities of each team member.
이해관계자	Stakeholder	An individual or organization that affects or is affected by the project.
개시-종료 관계	Start-to-finish dependency	The completion of an activity is dependent on the start of the previous activity.
개시-개시 관계	Start-to-start dependency	The beginning of an activity is dependent on the start of the previous activity.
작업기술서	Statement of work (SOW)	A document that outlines the details and requirements of the product or service being procured.
후행 (후행활동)	Successor	An activity that is on the same network diagram path and occurs after another activity.

T

용어	TERM	DEFINITION
태스크	Task	See activity.
기술 요구 사항	Technical requirements	The product characteristics that are required for the product to perform the functional requirements.
시간 및 자재 계약	Time and material contract	A contract based on a unit rate such as an hourly wage plus reimbursement for materials or other expenses incurred.
3중 제약	Triple constraint	The link between the project constraints of time, cost and quality.

V

용어	TERM	DEFINITION
차이	Variance	The difference between actual and planned values.
차이분석	Variance analysis	The process of comparing planned project results against actual project results, determining the impact of the variance and implementing corrective actions if needed.
가상 팀	Virtual team	Individuals in different reporting structures, departments, locations or organizations working together on the same project.

W

용어	TERM	DEFINITION
상황실	War room	A room where team members can work on project activities with a minimum of external interference, which helps create a project identity in matrix organizations.

용어	TERM	DEFINITION
우회작업	Workaround	A response to deal with an unforeseen risk. A workaround is not planned in advance of the risk occurrence.
작업분류 체계	Work breakdown structure (WBS)	A deliverable-oriented hierarchy that depicts the entire project work.
작업분류 체계 사전	WBS dictionary	A document describing each work package in the WBS.
작업공수	Work effort	The number of hours that it would take a person to complete an activity if they worked only on that activity.
작업패키지	Work package	The lowest level of the WBS. Includes activities required to fulfill a project deliverable or other project work.
작업계획	Work plan	See schedule.

Section II: Advanced Terminology

용어	TERM	DEFINITION
\multicolumn{3}{c}{**A**}		
활동정의	Activity definition	Identification of the activities that must be performed to complete the product deliverables.
활동기간산정	Activity duration estimating	Estimating the number of work periods, in days or hours, needed to complete the project's activities.
화살표기 활동	Activity-on-Arrow (AOA)	A method of diagramming the sequence of activities in a project using arrows to represent activities and small circles (nodes) connecting the activities to represent relationships. Dummy activities may be included to show activities that are dependent on one another. This method has only finish-to-start relationships. Also known as Arrow Diagramming Method (ADM).
노드표기 활동	Activity-on-Node (AON)	A method of diagramming the sequence of activities in a project where rectangles (nodes) represent the activities and arrows represent the relationship between the activities. This method uses four types of dependency relationships: finish to start, start to start, finish to finish and start to finish. Also known as precedence diagramming method (PDM).
행정적 종료	Administrative closure	The gathering and disseminating of information needed to formalize the completion or termination of a project or phase. Consists of obtaining formal acceptance and completing the related activities to formally end the project work.
유사산정	Analogous estimating	An estimating technique that uses historical project information to estimate the project duration of a similar project. Also known as top-down estimating.
화살도형법	Arrow diagramming method (ADM)	See Activity-on-Arrow (AOA).
\multicolumn{3}{c}{**B**}		
후진계산	Backward pass	Calculation of the late start and the late finish dates for uncompleted activities by working backwards through the network diagram from the project's end date. Part of critical path method (CPM).
상향식산정	Bottom-up estimating	An estimating technique where every activity is individually estimated and then added together to determine the total project estimate.
예정작업 예산원가	Budgeted cost of work scheduled (BCWS)	The total budgeted cost expected to be spent for specific work. Also called planned value (PV).

용어	TERM	DEFINITION
C		
관리도	Control chart	Diagram of process results over time and against specified limits to determine whether processes are acceptable or need adjustment.
원가예산 책정	Cost budgeting	Assigning specific cost estimates to specific activities and creating the cost baseline.
원가성과 지수	Cost performance index (CPI)	A performance tracking method that compares budgeted cost to the actual cost. CPI = EV / AC
고정 수수료 가산원 가계약	Cost plus fixed fee contract (CPFC)	A cost-reimbursable contract where the buyer pays for costs defined in the contract plus an additional defined amount (fixed fee).
성과급 가산원가 계약	Cost plus incentive fee contract (CPIF)	A cost-reimbursable contract where the buyer pays for costs defined in the contract plus an additional amount if the seller meets performance criteria as outlined in the contract.
원가비율 수수료 가산원가 계약	Cost plus percentage of cost contract (CPPC)	A cost-reimbursable contract where the buyer pays for the costs defined in the contract plus an additional percentage of the costs if the seller meets performance criteria as outlined in the contract.
원가정산 계약	Cost reimbursable contract	A contract that provides for payment to the seller for actual costs incurred.
공정압축법	Crashing	Adding resources to activities on the critical path to reduce project duration.
D		
확정산정	Definitive estimate	An estimating technique usually made during the planning phase that assigns a cost estimate range to each work package in the WBS. This estimate typically falls between −5% and +10% of the actual budget. Also known as bottom-up estimating.
임의적 의존관계	Discretionary dependency	A preferred order of sequencing project activities.
더미	Dummy	An arrow in an AOA diagram that does not represent any actual work but is used to show the relationship between two activities.
기간 단축	Duration compression	Shortening the project completion time without changing the scope of the project.

▶ Glossary

용어	TERM	DEFINITION
E		
획득가치 분석	Earned value analysis	The measurement of actual project status versus expected project status as of the measurement date.
F		
공정중첩 단축법	Fast tracking	A method of schedule compression where activities that would typically be performed sequentially are performed in parallel to decrease schedule duration.
타당성 조사	Feasibility study	A study undertaken to determine whether a project is viable.
물고기뼈 도표	Fishbone diagram	A graphical diagram that shows how causes or potential causes relate to create potential problems.
		Also known as Ishikawa diagram.
고정가 계약	Fixed price contract (FPC)	A contract where work is performed or a product is provided for a predetermined price.
성과급 가산 고정가 계약	Fixed price incentive (FPI) fee contract	A fixed price contract (see above) that contains incentives for meeting or exceeding predetermined specifications.
전진 계산	Forward pass	Calculation of the early start and early finish times for project activities by working forward through the network diagram. Part of the Critical Path Method (CPM).
자유 여유	Free float	The amount of time that an activity can be delayed without affecting the early start of the next activity.
H		
인적자원관리계획서	Human resource management plan	A plan that documents the project team members along with their roles, responsibilities and reporting structure and defines team development.
인적자원 기획	Human resource planning	The process of planning and hiring the project team, outlining roles, responsibilities and reporting structure and defining team development.
I		
입찰 초청서	Invitation for bid (IFB)	See request for proposal (RFP).
이시카와 도표	Ishikawa diagram	See fishbone diagram.

용어	TERM	DEFINITION
반복갱신	Iterating	Updating project plans to reflect changes that occur during the planning phase and throughout the project.
M		
관리 예비비	Management reserve	An amount of money set aside by senior management to cover future unforeseen costs. It is typically a percentage of the total project cost.
의무적 의존관계	Mandatory dependency	An activity that is dependent upon another activity. For example, a telephone pole must be put up before telephone wire can be strung.
몬테카를로 기법	Monte Carlo technique	A technique that uses computer simulations to assess potential risks.
O		
조직 기획	Organizational planning	Consists of defining team member responsibilities, roles, and reporting structure, and preparing the staffing management plan
P		
모수산정	Parametric estimating	A mathematical model of estimating costs (e.g., cost per square foot).
파레토차트	Pareto chart	A graph that is used to rank the importance of a problem by the frequency with which it occurs.
계획가치	Planned value (PV)	The budgeted cost of work during a specified time period. Also known as budgeted cost of work scheduled (BCWS).
선후행 도형법	Precedence diagramming method (PDM)	See activity-on-node (AON).
조달관리 계획서	Procurement management plan	A plan that documents what goods and services needed for the project will be acquired outside of the organization and outlines the process for acquiring the goods and services.
점진적 구체화	Progressive elaboration	The steps associated with developing and refining a product as needed during the course of the project.
프로젝트 관리오피스	Project management office (PMO)	A group established by an organization to maintain standards, processes and procedures for managing projects throughout the organization.
프로젝트 선정	Project selection	Determining which proposed projects should move forward.

용어	TERM	DEFINITION
R		
견적 요청서	Request for quote (RFQ)	A document that solicits quotes or bids from prospective sellers.
잔존 위험	Residual risk	Risk that is still present after risk responses have been planned.
책임배정 매트릭스	Responsibility assignment matrix (RAM)	Ensures that all activities in the work breakdown structure (WBS) are assigned to a team member and that each member understands the roles and responsibilities that have been assigned to him or her.
위험수용	Risk acceptance	A risk response that chooses to accept the consequences of the identified risk or the inability to identify another response strategy.
위험회피	Risk avoidance	A risk response that eliminates the identified risk or protects the project from the risk.
위험 대응 책임자	Risk response owner	The person owning responsibility for monitoring a given risk and implementing the risk response plan if necessary.
위험 대응 기획	Risk response planning	The process of reviewing items on the prioritized risk list from the qualitative and quantitative risk analysis to determine which, if any, action should be taken if the risk occurs. Risk response strategies include risk avoidance, risk mitigation, risk transference and risk acceptance.
위험전가	Risk transference	A risk response that shifts the liability of the identified risk to a third party.
S		
일정단축	Schedule compression	Methods to expedite the completion time of an activity or project (e.g. fast tracking and crashing).
일정성과 지수	Schedule performance index (SPI)	Ratio of work completed to work planned. SPI = EV − PV
범위정의	Scope definition	The process of breaking down deliverables into smaller components in order to provide better control.
범위검증	Scope verification	Formal acceptance by the stakeholders that deliverables and work results are completed to their satisfaction.
여유 시간	Slack time	See float time and free float.
입찰(의뢰)	Solicitation	Obtaining bids and proposals from vendors.
입찰 기획 (의뢰 기획)	Solicitation planning	The process of identifying product requirements and potential sources.

용어	TERM	DEFINITION
업체선정 (공급자 선택)	Source selection	Choosing a vendor for a needed product, service or resource.
T		
팀 개발	Team development	Creating an encouraging environment for stakeholders to contribute, and developing the project team into a functional group that enhances project outcomes.
위협	Threat	A negative risk that may or may not occur (as opposed to an opportunity, which is a positive risk).
시간산정	Time estimate	Calculation of the time required to complete an activity or the project. It may be obtained by analogous estimating, expert judgment or by using an equation to calculate the duration of the activity.
완료성과지수	To-complete performance index (TCPI)	The performance that must be achieved during the remaining project to meet stated goals.
하향식산정	Top-down estimating	See analogous estimating.
W		
작업승인 도구	Work authorization system	A formal process to ensure work is done in the right sequence and at the right time.

INDEX

3

3점 산정 ■ 39
3중 제약 ■ 59

A

Acceptance criteria ■ 32
Activity ■ 36
Activity duration estimating ■ 39
Activity list ■ 36
Activity sequencing ■ 36
Activity–on–Arrow (AOA) ■ 37
Activity–on–Node (AON) ■ 36
Actual cost (AC) ■ 91
Administrative closure ■ 107
Analogous estimating ■ 39
Arrow diagramming method (ADM) ■ 36
Assumptions ■ 32

B

Backward passs ■ 41
Baselines ■ 72
Bottom–up estimatings ■ 48
Budgets ■ 91
Budget at completion (BAC)s ■ 91
Budgeted cost of work performed (BCWP)s ■ 91
Budgeted cost of work scheduled (BCWS) ■ 91

C

Change control board ■ 71
Change control process ■ 71

Change request ■ 85
Communications ■ 24
Communications management plan ■ 29
Constraint ■ 31
Contingency reserve ■ 49
Contract ■ 82
Contract closure ■ 105
Control chart ■ 97
Corrective action ■ 73
Cost control ■ 91
Cost of quality ■ 50
Cost performance index (CPI) ■ 92
Cost plus incentive fee contract (CPIF) ■ 66
Cost reimbursable contract ■ 65
Cost variance (CV) ■ 92
Cost–benefit analysis ■ 94
Crashing ■ 88
Critical path ■ 41
Critical path method (CPM) ■ 41

D

Decomposition ■ 32
Deliverable ■ 34
Dependency ■ 37
Discretionary dependency ■ 37

E

Early finish date ■ 41
Early start date ■ 41
Earned value (EV) ■ 91
Earned value analysis ■ 91
Estimate at completion (EAC) ■ 92

Estimate to complete (ETC) ■ 92
Expert judgment ■ 39
External dependency ■ 38

F

Fast tracking ■ 88
Finish–to–finish dependency ■ 38
Finish–to–start dependency ■ 38
Fishbone diagram ■ 96
Fixed cost ■ 65
Fixed price contract (FPC) ■ 65
Fixed price incentive (FPI) fee contract ■ 65
Float ■ 41
Forward pass ■ 41
Free float ■ 41
Functional manager ■ 16
Functional organization ■ 19

G

Gantt chart ■ 46
Governance ■ 25

H

Human resource management plan ■ 29

I

Initiation ■ 13
Inspection ■ 72
Integrated change control ■ 85
Integration management plan ■ 29

Invitation for bid (IFB) ■ 67
Ishikawa diagram ■ 96

Kickoff meeting ■ 21

Lag ■ 38
Late finish date ■ 41
Late start date ■ 41
Lessons learned ■ 104

Management reserve ■ 49
Mandatory dependency ■ 37
Matrix organization ■ 19
Milestone ■ 36
Monte Carlo technique ■ 62

Opportunity cost ■ 20

Parametric estimating ■ 39
Pareto chart ■ 95
Performance reporting ■ 98
Planned value (PV) ■ 91
Precedence diagramming method (PDM) ■ 36
Predecessor ■ 38
Probability impact matrix ■ 62
Procurement management plan ■ 29
Product description ■ 32
Program evaluation and review techniques (PERT) ■ 39

Progressive elaboration ■ 27
Project ■ 15
Project charter ■ 21
Project life cycle ■ 13
Project management ■ 15
Project management plan ■ 29
Project manager ■ 15
Projectized organization ■ 19

Quality ■ 50
Quality assurance ■ 72
Quality audit ■ 72
Quality control ■ 95
Quality management plan ■ 29
Quantitative risk analysis ■ 62

Request for proposal (RFP) ■ 67
Request for quote (RFQ) ■ 67
Residual risk ■ 64
Resource leveling ■ 89
Responsibility assignment matrix (RAM) ■ 54
Risk ■ 59
Risk acceptance ■ 63
Risk avoidance ■ 63
Risk management plan ■ 29
Risk mitigation ■ 63
Risk register ■ 61
Risk response ■ 63
Risk transference ■ 63
Risk trigger ■ 64

Schedule compression ■ 88

Schedule control ■ 88
Schedule management plan ■ 29
Schedule performance index (SPI) ■ 92
Schedule variance (SV) ■ 92
Scope creep ■ 86
Scope management plan ■ 29
Scope statement ■ 31
Slack time ■ 41
Source selection ■ 81
Sponsor ■ 16
Staffing management plan ■ 29
Stakeholder ■ 16
Start-to-finish dependency ■ 38
Start-to-start dependency ■ 38
Statement of work (SOW) ■ 23
Successor ■ 38

Three point estimates ■ 39
Time and material contract ■ 66
To-complete performance index (TCPI) ■ 93
Triple constraint ■ 59

Variance analysis ■ 73
Virtual team ■ 99

WBS dictionary ■ 34
Work breakdown structure (WBS) ■ 32
Work package ■ 33

가상팀 ■ 99
가정 ■ 32
간트차트 ■ 46
개시-개시 관계 ■ 38
개시-종료 관계 ■ 38
거버넌스 ■ 25
검사 ■ 72
견적 요청서 ■ 67
계약 ■ 82
계약 종료 ■ 105
계획가치 ■ 91
고정가 ■ 65
고정가 계약 ■ 65
공급자 선정 ■ 81
공정압축법 ■ 88
공정중첩단축법 ■ 88
관리 예비비 ■ 49
관리도 ■ 97
교훈 ■ 104
기능 조직 ■ 19
기능관리자 ■ 16
기준선 ■ 72
기회비용 ■ 20

노드표기 활동 ■ 36
늦은 개시일 ■ 41
늦은 종료일 ■ 41

ㅁ

마일스톤 ■ 36
매트릭스 조직 ■ 19
모수산정 ■ 39
몬테카를로 기법 ■ 62
물고기뼈 도표 ■ 96

범위 추가 ■ 86
범위관리계획서 ■ 29
범위기술서 ■ 31
변경요청 ■ 85
변경통제위원회 ■ 71
변경통제절차 ■ 71
분할 ■ 32
비용 편익 분석 ■ 94
빠른 개시일 ■ 41
빠른 종료일 ■ 41

상향식산정 ■ 48
선행(선행활동) ■ 38
선후행도형법 ■ 36
성과급 가산 고정가 계약 ■ 65
성과급 가산원가계약 ■ 66
성과보고 ■ 98
수행작업 예산원가 ■ 91
스폰서 ■ 16
시간 및 자재 계약 ■ 66
시정조치 ■ 73
실제원가 ■ 91

ㅇ

여유 ■ 41
여유 시간 ■ 41
예산 ■ 91
예정작업 예산원가 ■ 91
완료성과지수 ■ 93
완료시점 산정치 ■ 92
완료시점예산 ■ 91
외부적 의존관계 ■ 38
우발사태 예비비 ■ 49
원가 성과 지수 ■ 92
원가 차이 ■ 92
원가정산 계약 ■ 65
원가통제 ■ 91
위험 ■ 59
위험 등록부 ■ 61
위험관리계획서 ■ 29
위험대응 ■ 63
위험수용 ■ 63
위험완화 ■ 63
위험전가 ■ 63
위험징후 ■ 64
위험회피 ■ 63
유사산정 ■ 39
의무적 의존관계 ■ 37
의사소통 ■ 24
의사소통관리계획 ■ 29
의존관계 ■ 37
이시카와 도표 ■ 96
이해관계자 ■ 16
인도물 ■ 34
인수기준 ■ 32
인적자원관리계획서 ■ 29
일정 성과 지수 ■ 92
일정 차이 ■ 92
일정관리계획서 ■ 29
일정단축 ■ 88
일정통제 ■ 88
임의적 의존관계 ■ 37
입찰 초청서 ■ 67

ㅈ

자원평준화 ■ 89
자유 여유 ■ 41
작업기술서 ■ 23
작업분류체계 ■ 32
작업분류체계 사전 ■ 34
작업패키지 ■ 33
잔여분 산정치 ■ 92
잔여위험 ■ 64
전문가판단 ■ 39
전진계산 ■ 41
점진적 구체화 ■ 27
정량적위험분석 ■ 62
제안 요청서 ■ 67
제약 ■ 31
제품명세서 ■ 32
조달관리계획서 ■ 29
종료–개시 의존관계 ■ 38
종료–종료 의존관계 ■ 38
주공정경로 ■ 41
주공정법 ■ 41
지연 ■ 38
직원관리계획서 ■ 29
차이분석 ■ 73

ㅊ

착수 ■ 13
착수회의 ■ 21
책임배정매트릭스 ■ 54

ㅌ

통합관리계획 ■ 29
통합변경통제 ■ 85

ㅍ

파레토차트 ■ 95
품질 ■ 50
품질감사 ■ 72
품질관리계획 ■ 29
품질보증 ■ 72
품질비용 ■ 50
품질통제 ■ 95
프로젝트 ■ 15
프로젝트 관리계획 ■ 29
프로젝트 생애주기 ■ 13
프로젝트 전담조직 ■ 19
프로젝트 헌장 ■ 21
프로젝트관리 ■ 15
프로젝트관리자 ■ 15

ㅎ

행정적 종료 ■ 107
화살도형법 ■ 36
화살표기 활동 ■ 37
확률영향 매트릭스 ■ 62
활동 ■ 36
활동기간산정 ■ 39
활동목록 ■ 36
활동순서배열 ■ 36
획득가치 ■ 91
획득가치분석 ■ 91
후진계산 ■ 41
후행(후행활동) ■ 38

이 책은 무단 복사, 복제, 전재하는 것은 저작권법에 저촉됩니다.

Professional
Project Manager를 위한
인사이트
프로젝트 관리

1판 1쇄 인쇄 · 2012년 7월 10일
1판 1쇄 발행 · 2012년 7월 20일

지 은 이 · 강정배, 서정훈, 이지현
발 행 인 · 박우건
발 행 처 · 한국생산성본부
　　　　　서울시 종로구 사직로 57-1(적선동122-1) 생산성빌딩
등록일자 · 1994. 9. 7
전　　화 · 02)738-2036(편집부)
　　　　　02)738-4900(마케팅부)
F A X · 02)738-4902
홈페이지 · www.kpc-media.co.kr
E-mail · kskim@kpc.or.kr
I S B N · 978-89-8258-645-3 13320

※ 잘못된 책은 서점에서 즉시 교환하여 드립니다.